EDITION PAGE

W0246482

Springer
Berlin
Heidelberg
New York
Barcelona
Budapest
Hongkong
London
Mailand
Paris
Singapur
Tokio

Norbert Welsch, geb. 1954, studierte Biologie, Chemie und Informatik an der Universität Tübingen. Neben der Programmierung von UNIX- und Windows-Systemen spezialisierte er sich auf Software für Macintosh-Systeme.
Seit mehreren Jahren leitet er die Firma Welsch & Partner EDV in Tübingen und Verona mit Hauptaktivitäten in der Programmentwicklung, Beratung und Softwareschulung, speziell im Bereich multimedialer Produktionen.

Zu Papier gebrachte Gedanken sind überhaupt nichts weiter als die Spur eines Fußgängers im Sande.
Man sieht wohl den Weg, welchen er genommen hat;
aber um zu wissen, was er auf dem Wege gesehn,
muß man seine eigenen Augen gebrauchen.

Arthur Schopenhauer

Norbert Welsch

Director 6
und Lingo
Praxiskurs

Mit CD-ROM

 Springer

Norbert Welsch
Bursagasse 8
D-72070 Tübingen

Welsch & Partner EDV
Konrad-Adenauer-Straße 15
D-72072 Tübingen

ISBN 3-540-64102-5 Springer-Verlag Berlin Heidelberg NewYork

Die Deutsche Bibliothek – CIP-Einheitsaufnahme

Director 6 und Lingo Praxiskurs [Medienkombination] / Norbert Welsch. –
Berlin; Heidelberg; New York; Barcelona; Budapest; Hongkong; London; Mailand; Paris;
Singapur; Tokio: Springer.
(Edition PAGE)
ISBN 3-540-64102-5
Buch. – 1998, brosch.   CD-ROM. – 1998

Die Wiedergabe von Gebrauchsnamen, Handelsnamen, Warenbezeichnungen usw. in diesem
Werk berechtigt auch ohne besondere Kennzeichnung nicht zu der Annahme, daß solche
Namen im Sinne der Warenzeichen- und Markenschutz-Gesetzgebung als frei zu betrachten
wären und daher von jedermann benutzt werden dürften.
Der Springer-Verlag ist nicht Urheber der Beispielprogramme, sondern stellt diese nur zur Ver-
fügung. Der Verlag weist darauf hin, daß Software nicht fehlerfrei erstellt werden kann; der
Leser muß daher die Korrektheit der Beispielprogramme in geeigneter Weise überprüfen.

Umschlaggestaltung: Künkel + Lopka Werbeagentur, Heidelberg
Satz: QuarkXPress-Dateien vom Autor
Belichtung: Text & Grafik, Heidelberg
SPIN 10664864   33/3142 – 5 4 3 2 1 0 – Gedruckt auf säurefreiem Papier

INHALTSVERZEICHNIS

Beispieldateien

Auf der beiliegenden CD-ROM finden Sie folgende Beispieldateien als Grundlage für Ihre Übungen. Sie liegen jeweils als Director 5-Dateien vor. Eine Ausnahme macht Kapitel 12 über den Update aus dem Internet, der in dieser Form nur mit Director 6 arbeitet.

Kapitel 1 und 2	keine Beispieldateien
Kapitel 3	GIntro.DIR, Earth24.MOV
Kapitel 4	GMain.DIR, GMainWP.DIR, Deutsch.CST, English.CST, SprWahl.DIR
Kapitel 5	CopyPast.DIR, GImpress.DIR, GImpres1.DIR, GMainInp.DIR
Kapitel 6	DiaShow1.DIR, DiaShow2.DIR, DiaShow3.DIR, DSPict.CST, DSButton.CST, DSSound.CST, DSText.CST, GeoMedia.CST
Kapitel 7	CallDoc.DIR, DirectD.CST, DirectP.CST, DocDisp.DIR*, Doc-DispD.CST, DocDispP.CST, GeoLexD.CST, GeoLexP.CST, LingoD.CST, LingoP.CST, PHSD.CST, PHSP.CST, QuarkD.CST, QuarkP.CST, WWWD.CST, WWWP.CST, DocDisp.DOC
Kapitel 8	GQuiz1.DIR, GQuiz2.DIR, GQuiz3.DIR
Kapitel 9	GasSim.DIR, GasSim3D.DIR, PLANETS.DIR, PLA_MOVE.DIR, SimuMenu.DIR, S_P_WAVE.DIR*
Kapitel 10	ScrField.DIR*
Kapitel 11	GPrint.DIR
Kapitel 12	Upd1Cst, UpdN.CST*
Kapitel 13	Blink.DIR, ColCur2.DIR, Cursor1.DIR, Cursor2.DIR, Cursor3.DIR, GButton.CST, GUtility.CST, PopPict.DIR, PPictObj.DIR
Kapitel 14	Copy.DIR, Install.DIR, Test1, Test2, Test3
Teile	WP_Fish0.pct, WP_Fish1.pct, ButtColl.CST, CurCol.CST, CursSW.CST, Earth24.MOV

Vorwort

Das vorliegende Buch „**Director 6 und Lingo Praxiskurs**"
ergänzt die beiden umfassenderen und mehr in die Details gehen-
den Schwesterwerke „**Multimedia-Entwicklung mit Macromedia Director**" und „**Multimedia-Programmierung mit
Lingo**". Es entstand aus dem allgemeinen Wunsch nach einer kurzen und tatsächlich schrittweise nachvollziehbaren Anleitung für
das Erstellen einer Multimedia-Applikation.

Als Leitfaden für die Praxis dient es dazu, Kenntnisse durch Übungen zu vertiefen und die einzelnen Bausteine zu einem fertigen
„Gebilde" zusammenzusetzen. Seine Praxistauglichkeit löst der
Band ein, indem sowohl die einzelnen Module vielfältig ver-
wendbar sind als auch Stufe für Stufe das Know-how vermittelt
wird, wie eine komplexe Anwendung strukturiert werden kann.

Als besonders praxisorientiertes Buch ist es aber auch für alle
geeignet, die sich anhand der mitgelieferten Handbücher oder im
Rahmen eines Seminars in das Programm „**Macromedia Director**" einarbeiten.

Nicht zuletzt kann das Werk als **Seminarunterlage** für alle 3–5-
tägigen Director- und Lingo-Schulungen zum Einsatz kommen. Es
dient als Grundlage für viele bei **Welsch & Partner** durchgeführte
Multimedia-Schulungen.

Ich wünsche allen, die sich mit der Erstellung von Multimedia-
Anwendungen befassen, viel Spaß und Erfolg bei der Arbeit.

Norbert Welsch
Welsch & Partner EDV

Bitte beachten Sie, daß die Inhalte der auf der gegenüberliegenden Seite mit * gekennzeichneten Dateien dem Copyright der
Firma Welsch & Partner EDV, Tübingen unterliegen und nur mit
deren schriftlicher Genehmigung in kommerziellen Projekten eingesetzt werden dürfen. Die nicht markierten Routinen können frei
verwendet werden, soweit keine Ansprüche Dritter vorliegen.

Begriffsklärung

Bei der Erstellung von technischen Fachbüchern für Themen, die aus dem englischen Sprachraum übernommen werden, ist es häufig eine schwierige Gewissensentscheidung, welche Begriffe an die eigene Sprache angepaßt werden sollen und welche man besser im Original beläßt. Im Gegensatz zur Handhabung in den Schwesterwerken zu Macromedia Director und Lingo wurde in diesem Buch der Begriff „Frame", der für eine Zeitdauer oder Situation auf der Bühne (quasi für ein Bühnenbild) steht, nicht mehr konsequent in das im Deutschen gebräuchliche „Bild" übersetzt, um Verwechslungen mit dem deutschen Begriff „Bild" als grafische Einheit zu vermeiden.

Danksagung

Für das Zustandekommen dieses Werkes schulde ich besonderen Dank Herrn Gregor Reichle vom Springer-Verlag sowie den Lektoren des Springer-Verlags, die die Entstehung mit viel Geduld und Verständnis betreut haben. Die Fertigstellung wäre nicht möglich gewesen ohne die aktive Beteiligung meiner Mitarbeiter, insbesondere Herrn Gus Hagelbergs, und unserer Praktikanten. Für den Test der Programmteile über den Internet-Update aus Kapitel 12 danke ich Herrn Ursa Süsslü, der sich bei uns im Rahmen einer Diplomarbeit mit der Thematik befaßt hat. Herr Alexander Wagner, der das Buch in den entscheidenden Fertigstellungsphasen mitbetreut hat, sorgte für die sprachliche Glättung so mancher Formulierung und hat einige der Textteile als Co-Autor mitverfaßt.

Dank schulde ich natürlich nicht zuletzt auch allen Seminarteilnehmern, die in den letzten Jahren durch aktive Mitarbeit und interessante Diskussionen dazu beigetragen haben, dieses Werk und seine Schwesterprodukte (Lit. [1] und [2]) hoffentlich lebendig und sehr praxisnah zu gestalten. Außerdem danke ich unseren Kunden, die uns durch Wünsche, Ideen und Aufträge immer wieder die Beschäftigung mit dieser interessanten Materie ermöglichen. Zu den Personen, denen das Buch große Opfer abforderte, gehört außerdem meine Partnerin Gabriele Müller, bei der ich mich an dieser Stelle entschuldigen möchte.

Wir werden das vorliegende Buch auch in den nächsten Jahren als Grundlage für unsere Kurse über Multimedia-Einführung und Macromedia Director verwenden und bitten daher alle Leser, sich mit Vorschlägen, kritischen Anmerkungen, Fragen und Kommentaren gerne an uns zu wenden. Wir werden versuchen, diese Anregungen in späteren Auflagen zu berücksichtigen.

Norbert Welsch
Welsch & Partner EDV
Konrad-Adenauer-Str. 15
D-72072 Tübingen
Tel. 0 70 71 -79 99 90 Mobil: 0172-763 78 98
Fax. 0 70 71 -79 99 89

Grundlagen

1 Grundlagen

To know how ...

Zunächst geben wir für diejenigen Leser, die sich noch wenig mit Macromedia Director befaßt haben, eine absichtlich kurz gehaltene und praxisbezogene Zusammenfassung der wichtigsten Basiskenntnisse. Dabei werden die wesentlichen Komponenten des Autorenprogramms angesprochen und die Grundlagen der Programmierung mit Lingo auf wenigen Seiten wiederholt.

Dieser Teil kann allerdings nicht die ausführliche Lektüre weiterer Bücher über dieses Thema ersetzen, er dient mehr der Rekapitulation anderweitig erworbener Kenntnisse als deren erstmaliger Vermittlung.

Der Baukasten ...

In den praktischen Übungen, die den größten Teil dieses Buches ausmachen, werden Sie Stück für Stück eine kleine Prototyp-Applikation zusammenstellen. In Kapitel 2 erfahren sie, wie eine Multimedia-Anwendung gegliedert werden kann. Gestartet wird das Beispielprogramm von der in Kapitel 3 vorgestellten Intro-Anwendung »Kap_03:GIntro.DIR«. Das in Kapitel 4 besprochene Hauptmenü enthält die notwendigen Pfaddefinitionen zu den in den einzelnen Kapiteln besprochenen Teilanwendungen. Wenn Sie zur Übung eigene Varianten von Teilapplikationen realisieren wollen, können Sie die entsprechenden Namen dort eintragen, und die von Ihnen nach und nach erarbeiteten Anwendungsteile sollten dann mit den vorgefertigten Beispielfilmen zusammenarbeiten.

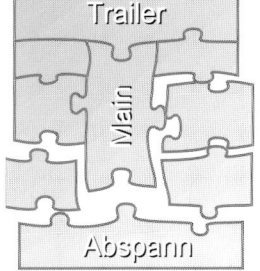

Wenn Sie einzelne Komponenten durch eigene Filme ersetzt haben, können Sie deren Aufbau und Verhalten mit den vorgegebenen Beispielen vergleichen und so ggf. eigene Fehler ausfindig machen. Sicherlich werden Sie auch einzelne Programmteile über das in den Beispielen realisierte Maß hinaus perfektionieren, verallgemeinern oder in der Funktion ausbauen.

Als Thema für die zu erstellende Anwendung haben wir den Prototyp für eine CBT-(Computer-Based-Training)-Anwendung über

15

das Fachgebiet Geologie gewählt, die im Augenblick in unserer Firma entwickelt wird. Während die echte Anwendung allerdings auf einem Fachlexikon mit über 7000 Stichwörtern beruhen wird und z.B. über tausend Mineralien berücksichtigt, ist die Anzahl der Datensätze im Prototyp auf wenige Dutzend beschränkt, die zudem im Text vereinfacht wurden. Von den Programmzweigen der Vollversion wurden diejenigen ausgewählt, die zum einen technisch besonders interessant und zum anderen für eine Übertragung auf weitere Gebiete und Anwendungen besonders geeignet erschienen.

1.1 Von Darstellern und Kobolden

Das Programm Director arbeitet mit Begriffen, die aus der Bühnensprache entlehnt wurden. So wird die für eine Anwendung genutzte Bildschirmfläche als „Bühne" (stage) bezeichnet, während die für die Inszenierung zur Verfügung stehenden Medienelemente (z. B. Grafik, Schrift, Videos, Sounds) „Darsteller" (member of cast) heißen und in Fenstern bereit liegen, die „Besetzungen" (casts) genannt werden. Alles Geschehen auf der Bühne wird im „Drehbuch" (score) geregelt, dieses ist, insbesondere bei Animationen, das Herzstück von Director. Hier stehen also die genauen Handlungsanweisungen in ihrer zeitlichen Abfolge für jede einzelne Rolle, die zu spielen ist. Die Rollen sind im Drehbuch in sogenannten „Kanälen" (channels) verzeichnet, die die Informationen für jeweils einen auf der Bühne agierenden Darsteller enthalten. (Ab der Version 6 verfügt Director über 120 Kanäle, die frühere Version Director 5 kannte nur 48). Die Regieanweisungen sind zeitlich von links nach rechts angeordnet und bestehen aus dem Inhalt der Zellen im Darstellerfenster, die das „Wer, Wo und Wie?" des Ablaufs festlegen. Die „Bildwiederholrate" (framerate) bestimmt, wie lange der Zeitabschnitt ist, der in einer einzelnen Zelle definiert ist. Wie in echten Bühnenstücken kann es vorkommen, daß ein bestimmter Darsteller nur in einem Akt auftritt, zu anderen Zeiten taucht er nicht im Drehbuch auf. Der Kanal kann dann von einem anderen Darsteller genutzt werden.

Es ist bei Director wichtig zu verstehen, daß die in den Zellen stehenden Regieanweisungen, und damit die auf der Bühne sichtbaren Bilder, nicht die Darsteller selbst sind, sondern nur Abbildungen der Darsteller, die in Director „Kobolde" (sprites) genannt werden. Streicht der Regisseur einen Kobold aus dem Drehbuch, so verschwindet er von der Bühne; dies läßt den realen Schauspieler, den Darsteller, aber sehr wohl am Leben (wenn auch vielleicht brotlos).

Die Choreographie, die sich auf der Bühne ereignet, wird nicht unbedingt direkt vom Drehbuch festgelegt: Wie in einem Marionettentheater kann man die Steuerung von Kobolden über Drähte und Seile übernehmen. Wird ein Kobold zur Puppe umgeschaltet, hat die Drehbuchzeile bis auf weiteres keinen Einfluß mehr auf den Kobold. Die Programmiersprache Lingo ist nun als Puppenspieler für alle weiteren Aktionen des Kobolds verantwortlich.

Beachten Sie bitte, daß zu dem Zeitpunkt, an dem ein Kobold zur Puppe gemacht wird, die im Drehbuch bis dahin festgelegten Eigenschaften (z.B. Position, Größe oder Farbe des Kobolds) in Lingo übernommen werden und als Ausgangsbasis für die programmgesteuerten Änderungen dienen. Einer der häufigsten Fehler, die auch noch fortgeschrittenen Programmierern unterlaufen, besteht darin, daß sich zum Umschaltzeitpunkt (der magische Befehl lautet **puppetSprite**) kein Kobold in der Zelle befindet und die neue Puppe damit eine Höhe und Breite von Null, eine absurde Position irgendwo im Nirwana oder aber eine unsichtbare Farbe annimmt.

Das Programmieren spaltet die Menschen in zwei Kategorien. Den einen ist das Programmieren ein Greuel, und es beginnen sich die Haare zu sträuben, wenn auch nur die Rede darauf kommt; die anderen fasziniert hingegen die strenge Logik dermaßen, daß sie in dieser Welt regelrecht versinken.

Trotz dieser Gegensätze gibt es aber gerade im Bereich der Multimedia-Programmierung eine ganze Menge Leute, die ein entspannteres Verhältnis zu der Sache haben, und Lingo ist als Programmiersprache sehr geeignet, einen leichten Zugang zu bieten.

Das Schöne an Lingo ist, daß sich bereits mit wenigen Zeilen eine Menge erreichen läßt und der Nutzen sich nicht erst nach der Erstellung seitenlanger Programme zeigt. Zudem läßt sich das Ergebnis gut überprüfen, weil es normalerweise bereits beim nächsten Abspielen des Filmes sichtbar wird.

Verhaltensweisen

Obwohl in Director 6 sogenannte **„Verhaltensweisen"** (engl. „behaviors") eingeführt wurden, mit denen einfache interaktive Verhaltensweisen auch völlig ohne eigene Programmierung erreicht werden können, gehört Lingo noch lange nicht zum „alten Eisen". Die Betonung liegt nämlich hier auf „einfach". Wird z.B. eine nicht vorgesehene Abwandlung eines Verhaltens benötigt, findet diese Methode ein jähes Ende. Oft sind die tatsächlichen Aufgaben auch so geartet, daß keine der mitgelieferten Verhaltensweisen „paßt". In diesen Fällen, oder wenn ein auch nur wenig komplexeres Verhalten benötigt wird, muß entweder ein passendes Verhalten (von oft teuren Spezialisten programmiert) zugekauft werden, oder man ist wie gehabt auf gute Lingo-Kenntnisse angewiesen. Für Programmierer ist es zudem in vielen Fällen einfacher, einige Programmzeilen zu kopieren, als die Verhaltensweisen anzuwenden. Das größte Problem bei den Verhaltensweisen besteht in ihrer inhärenten Kompliziertheit.

```
on mouseUp
   go to frame "Ende"
end
```

Klassisches Lingo-Skript

Im Vergleich zu direkten Lingo-Kommandos (siehe Randspalte) sind Änderungen an Verhaltensweisen im allgemeinen viel aufwendiger. Der reine Größenvergleich der beiden von der Funktion her gleichwertigen Skripte möge dies illustrieren, ohne daß wir bereits genauer auf die einzelnen Befehle eingehen müßten.

❶ Der Programmcode, der für die gleiche Funktion über ein „Verhalten" von Director 6 benötigt wird, ist (nur zur Abschreckung) auf der gegenüberliegenden Seite abgebildet.

Der Preis, den man für ein elegantes „Drag & Drop" der objektorientiert programmierten Verhaltensweisen zu bezahlen hat, ist also oft höher als der Gewinn an Übersichtlichkeit. Ursache dafür ist die große Allgemeingültigkeit, für die Verhaltensweisen vorgesehen sein müssen und die oft gar nicht benötigt wird.

Trotzdem wollen wir Ihnen in diesem Buch natürlich die Neuerungen nicht vorenthalten (siehe Anhang A.1), sie haben in gewissen Fällen durchaus ihre Berechtigung, z.B. für „Rapid Prototyping", d.h. für die schnelle Erstellung einer Probeapplikation, die einem Kunden vorgeführt werden soll. Dabei kommt es im allgemeinen weniger darauf an, exakt das vorgesehene interaktive Verhalten zu erreichen, sondern ohne viel Aufwand einen Gesamteindruck des entstehenden Produkts zu geben.

❶
```
property  whichEvent, whichLabel,playmode

on initGotoMarker me
  init me
end

on mouseUp me
  if whichEvent = #mouseup     then init me
end

on prepareFrame me
  if whichEvent = #prepareframe then init me
end

on exitFrame me
  if whichEvent = #exitframe    then init me
end

on init me
  if the playmode of me = #"Go to" then
    case ( whichLabel ) of:
      #Previous: go to marker( -1 )
      #Loop:     go to marker(  0 )
      #Next:     go to marker(  1 )
      otherwise:
         go to whichLabel
    end case
  else
    case ( whichLabel ) of:
      #Previous: play marker( -1 )
      #Loop:     play marker(  0 )
      #Next:     play marker(  1 )
      otherwise:
         play whichLabel
    end case
  end if

end

on getPropertyDescriptionList
  set p_list = [#WhichLabel: [#comment:"Destination Marker:",#format: #marker, #default:
  "#Loop" ], #WhichEvent: [#comment:"Initializing Event: ", #format: #symbol,#range:
  [#MouseUp,#PrepareFrame, #ExitFrame, #InitGotoMarker], #default: #MouseUp ], #playMode:
  [#comment:"Play Mode:", #format: #symbol, #range: [ #"Go to", #"Play and Return" ],
  #default: #"Go to"]]
  return p_list
end

on getBehaviorDescription
  return "Moves the Playback Head to a designated marker when the specified event occurs.
  Drag to a sprite or a frame in the script channel." && RETURN & "PARAMETERS:" && RETURN &
  "• Destination Marker - Choose from a list of all marker names in the current movie or
  choose Previous, Loop (Current), or Next."  && RETURN & "• Initializing Event - Specify the
  event that triggers the behavior." & RETURN & "• Play Mode - Choose Play and Return to make
  the Playback Head return to the current location when the Play Done behavior is
  encountered.Choose Go To to make the Playback Head continue from the specified frame until
  explicitly sent to a new location."
end
```

1.2 Abarbeitung von Programmen

Zweck des Programmierens ist es, den Computer zu bestimmten festgelegten Abläufen oder zu flexiblen Reaktionen auf Benutzereingaben zu veranlassen. Während die erste Aufgabe in Director meist auch ohne Programmierung allein mit Hilfe des Drehbuches gelöst werden kann, ist zumindest rudimentäre Programmierung für die zweite Aufgabe unabdingbar (auch die „Verhaltensweisen" sind schließlich Programme).

Unter Programmierung versteht man die automatische Abarbeitung einer Sequenz von Befehlen, die dem Computer in einer für ihn lesbaren Form, dem Programm (Quellprogramm), übermittelt werden. Prinzipiell könnte man darunter auch eine gesprochene Befehlsfolge verstehen, wenn der Rechner diese interpretieren könnte, im allgemeinen ist aber heute der in einem Texteditor erfaßte Programmtext gemeint. Er ist in einer bestimmten Sprache (in unserem Falle „Lingo") verfaßt. Die „Programmiersprache", heute meist als „Entwicklungsumgebung" bezeichnet, ist selbst ein Programm (in unserem Fall „Director mit Lingo"), das alle definierten Sprachelemente interpretieren kann.

Jede Programmiersprache hat einen gewissen Wortschatz, das sind die Schlüsselbegriffe oder Elementarbefehle, auf die jedes Programm zurückgreifen kann. Zweites Merkmal einer Programmiersprache ist ein Inventar von Regeln und Ausdrucksweisen. Die in einem Programm niedergeschriebenen Befehle müssen demnach einer gewissen vorgegebenen Syntax und Grammatik genügen, um verstanden zu werden, ähnlich wie auch die Sätze einer natürlichen Sprache bestimmten Bildungsregeln unterliegen. Während Syntax und Grammatik im Rahmen eines Sprachsystems das grundlegende und beharrende Element repräsentieren, erneuert und erweitert sich die angewandte Sprache fortwährend in ihrem Vokabular.

1.3 Variablen

Aus der Schulmathematik ist der Begriff der Variablen wohl den meisten Lesern bekannt. In der Programmierung bezeichnen sie ähnlich wie diese einen Platzhalter, der verschiedene Werte enthalten kann. Jede Variable hat einen Namen und einen Wert. Insbesondere muß der endgültige spätere Inhalt von Variablen noch nicht bekannt sein, wenn die Variablenbezeichnung beim Niederschreiben eines Programms verwendet wird. Am Ausdruck „niederschreiben" wird nochmals der eigentliche Charakter jeder Programmierung erkennbar – es werden die späteren Abläufe zunächst in Schriftform zeilenweise festgelegt. Dabei müssen die genauen Werte für die Berechnungen noch nicht bekannt sein; Variablen stehen oft an Stelle konkreter Werte, diese werden erst später bei der Abarbeitung des Programms eingesetzt.

Eine sehr wichtige Eigenschaft der Variablen ist ihr **Gültigkeitsbereich**. Würde jede Variable gleichen Namens an allen Stellen des Programms für den selben Inhalt stehen, wäre Programmierung sehr fehleranfällig. Da das Verhalten eines Programmteils von den aktuellen Werten der Variablen abhängt, könnte es darauf ankommen, welche Programmteile vorher ausgeführt wurden und welche Werte sie in den Variablen gespeichert zurückließen, was schwierig zu kontrollieren wäre. Die Folge wären oft schwer nachvollziehbare Fehler, die nur in ganz bestimmten Bediensituationen auftreten, z.B. wenn Programmteile in einer ganz bestimmten Reihenfolge ausgeführt wurden. Der Programmierer könnte sich beim Design und bei der Fehlersuche nie auf einzelne Bereiche des Programms konzentrieren, sondern er müßte stets das gesamte Programm in seine Betrachtungen einbeziehen.

Um diese Schwierigkeiten zu vermeiden, unterstützt Lingo das Konzept der **lokalen** bzw. **globalen** Variablen. Normalerweise gelten Namen nur lokal, d. h. innerhalb bestimmter Bereiche eines Programms (Prozeduren, s.u.). Werden die gleichen Variablennamen in verschiedenen Bereichen benutzt, stehen sie nicht für die gleichen Werte. Ein falsch gesetzter Wert an der einen Stelle kann deshalb auch kein Fehlverhalten an einer anderen Stelle auslösen.

Sollen Variablennamen an verschiedenen Programmstellen für den selben Inhalt stehen, müssen sie durch den Befehl `global` explizit ausgewiesen werden. Erfahrene Programmierer wissen, daß sie auf die Werte der in der global-Anweisung aufgezählten Variablen besonders achten müssen. Steht die global-Anweisung zu Beginn eines Skripts, so gilt sie für alle Prozeduren (s.u.) dieses Skripts. Innerhalb einer Prozedur angebracht ist eine global-Anweisung nur für die jeweilige Prozedur gültig.

```
global x, y, z
```

21

1.4 Eingebaute und selbstdefinierte Prozeduren

Für die Flexibilität (d.h. Realitätsangemessenheit) einer Sprache
ist es wichtig, daß sich der Wortschatz stets erweitern läßt und
neue Begriffe aus bereits vorhandenen gebildet werden können.
Die Definition der neuen Begriffe geschieht mittels elementarer
oder bereits definierter Begriffe. Solche neu gebildeten Sprachelemente heißen beim Programmieren „Prozeduren", „Handler"
oder „Routinen". Diese Ausdrücke werden weitgehend als Syno-
nyme gebraucht. „Funktionen" stellen eine Untergruppe der Prozeduren dar, nämlich solche Prozeduren, die ein direktes Ergebnis,
einen Wert, zurückliefern und nicht nur Aktionen ausführen. Wie
auch Variablen, haben Prozeduren einen Namen. Fest in die Programmiersprache eingebaute Prozeduren bezeichnet man auch als
Befehle. Der Inhalt einer neuen Prozedur besteht aus einer Reihe
von Befehlen, die zu deren Definition dienen.

In Lingo wird eine Prozedurdefinition mit Hilfe des Schlüssel-
wortes **on** eingeleitet, gefolgt von dem neu zu definierenden
Begriff. Eine Prozedur, die einen Vulkanausbruch in einer Animation steuert, könnte z.B. folgendermaßen aussehen:

on

```
on vulkanausbruch
    set the visibility of sprite "Feuer" = TRUE
    set temperature = 1200 -- °C
    macheRauch
end
```

Beispiel für die Definition einer
Prozedur

Eine Prozedur wird angewendet, indem ihr Name in einer anderen Prozedur wie ein normaler Befehl benutzt wird. Im Beispiel
wird **macheRauch** bei jedem Aufruf der obigen Prozedur mit
ausgeführt. Die Prozedur **macheRauch** kann vor oder nach der
Prozedur **vulkanausbruch** im gleichen Skript, aber auch in
einem beliebigen anderen Filmskript definiert sein.

1.5 Arten von Skripten

Die Prozeduren von Lingo werden in verschiedenen Programm-
segmenten, sogenannten Skripten, abgelegt. Jedes Skript kann
Handler zur Reaktion auf eine oder mehrere mögliche Nachrichten enthalten. Die Rangfolge in der Behandlung der Nach-

richten richtet sich nach Art und Ort des Skripts, mehrere Varianten sind hier zu unterscheiden. Sie werde aufgeführt in der Reihenfolge, in der sie zu bearbeitende Nachrichten erhalten:

Primäre Ereignisprozeduren (primary event handler)

Sie stellen eigentlich keine eigene Skriptart dar, sondern sind eine in Lingo verfügbare Methode, die eine in einem Filmskript (s.u.) definierte globale Prozedur direkt einem Ereignis wie zum Beispiel einem Tastendruck zuordnet (z.B. über einen Befehl wie `set the keyDownScript to "myKeyDown"`)

Koboldskripte (sprite scripts)

Sie sind eine der beiden im Drehbuch definierbaren Skriptarten und werden deshalb zusammen mit den Frameskripten unter dem Oberbegriff „Drehbuchskript" (score script) zusammengefaßt. Seit Einführung von Director 6 nehmen sie eine herausragende Stellung gegenüber den Darstellerskripten ein, da sie wahlweise auch über „Verhaltensweisen" (s.u.) durch „Drag and Drop" definiert werden können. Am häufigsten werden in Koboldskripten Reaktionen auf Mausklicks ausgeführt, die an spezifischen Stellen des Drehbuchs benötigt werden, nicht jedoch an allen Stellen, an denen ein Darsteller auf dem Bildschirm erscheint.

Darstellerskripte (cast member scripts)

Die Darstellerskripte definieren eine Art „default"-Verhalten der Darsteller. Wird in einem Darstellerskript ein Handler für eine bestimmte Nachricht (z.B. ein `mouseUp`-Ereignis) abgelegt, so erreicht ihn die Nachricht immer dann, wenn kein Koboldskript (bzw. kein „Verhalten") definiert ist, das die gleiche Nachricht bearbeitet. Ein Darstellerskript hat in diesem Sinne eine niedrigere Priorität als ein Koboldskript (Lit.[2, Kap.3.1]).

Frameskripte (frame scripts)

Diese zweite Variante der Drehbuchskripte definiert das „default"-Verhalten eines ganzen Frames. Alle Nachrichten, die nicht von den in der Priorität höherstehenden Skriptarten abgearbeitet wurden, werden bis hierher weitergeleitet. Die häufigste Anwendung

- primäre Ereignisprozedur

- Drehbuch-Koboldskripte

- Darstellerskripte

- Drehbuch-Frameskripte

- Filmskripte

23

liegt in einem **exitFrame**-Handler, der die automatische Weiterschaltung in das nächste Frame verhindert, indem er den Abspielkopf jedesmal wieder in das gleiche Frame zurücksetzt. Ähnlich wie für die Koboldskripte können für Drehbuchskripte in Director 6 auch Verhaltensweisen eingesetzt werden, die direkt von der Verhaltensbibliothek in den Skriptkanal des Drehbuchs gezogen werden können. Hier kommt insbesondere die Verhaltensweise **„Auf aktuellem Bild bleiben"** in Frage.

Filmskripte (movie scripts)

Diese Skriptart ist keinen bestimmten Objekten zugeordnet. Die hier definierten Prozeduren stehen dem gesamten Film (eventuell sogar mehreren Filmen) zur Verfügung, wenn sie in einer externen Besetzung gespeichert sind. „Zur Verfügung stehen" heißt in diesem Fall, daß die Namen aller hier definierten Prozeduren global bekannt sind. Wird der Name einer dieser Prozeduren in einem anderen Skript erwähnt, so führt dies zu einer gleichnamigen Nachricht, die letztlich die Abarbeitung der im Filmskript definierten globalen Routine veranlaßt. Auch Nachrichten über Standardereignisse wie **exitFrame**, **mouseUp** oder **keyDown** können an entsprechende Handler in einem Filmskript gelangen, wenn sie von keiner Skriptart höherer Priorität verarbeitet wurden.

1.6 Parameterübergabe

Die Möglichkeiten, die uns mit den Prozeduren und Funktionen zur Verfügung stehen, sind deshalb so wertvoll, weil eine einmal geschriebene Prozedur in vielen unterschiedlichen Anwendungsfällen zum Einsatz kommen kann. Dabei werden von denselben Programmbefehlen unterschiedliche Daten verarbeitet.

Bereits bei den Variablen haben wir Möglichkeiten angesprochen, Informationen über die auszuführenden Berechnungen (das genaue Verhalten) an Prozeduren und Funktionen zu übergeben. Globale Variablen können mit Werten vorbelegt sein, die dann in der Prozedur zu konkreten Berechnungen führen oder sogar über Schleifen- und Verzweigungsanweisungen ein völlig unterschiedliches Verhalten hervorrufen. Wir haben aber auch schon auf die Gefahren der globalen Variablen hingewiesen: Durch sie wird das ganze Programm eng verfilzt. Die Werte, die eine Prozedur hinterlassen hat, beeinflussen in oft unkontrollierbarer Weise andere Programmteile.

Durch den Einsatz von Parametern wird deshalb von allen ernstzunehmenden Programmiersprachen eine Möglichkeit geschaffen, Informationen über eine klare Schnittstelle an Prozeduren zu übergeben.

Die Sache ist eigentlich sehr einfach: Bei der Definition einer Prozedur oder Funktion durch das Schlüsselwort **on** werden hinter dem Prozedurnamen alle für die exakte Arbeitsweise erforderlichen Variablen (bei Lingo durch Kommata getrennt) aufgezählt. Man nennt diese Angaben die **Parameter** der Prozedur bzw. Funktion.

```
on vulkan ort, zeit
  put "Ausbruch: " & ort & zeit
  ...
end
```

Parameter bei einer Prozedurdefinition

Eine Prozedur oder Funktion wird ausgeführt, wenn ihr Name im Programmtext einer anderen Prozedur vorkommt, die gerade abgearbeitet wird. Um sie mit den benötigten Informationen zu versorgen, werden diese einfach (ebenfalls durch Kommata getrennt) hinter den Prozedurnamen geschrieben. Bei Funktionen besteht außerdem die Vorschrift, daß die Parameter in Klammern stehen müssen (bei Prozeduren sind sie optional). Die Namen der Parameter beim Prozeduraufruf können, müssen aber nicht, mit den Namen bei der Prozedurdefinition übereinstimmen. Es können auch direkt Werte angegeben werden. Allein die Reihenfolge, in der sie dort angeordnet sind, entscheidet darüber, welcher Variablen in der Prozedur sie zugewiesen werden.

```
...
set ort = "Hawaii"
set t = !12.01.1999!
vulkan ort, t
...
```

Parameter beim Prozeduraufruf

25

Aufbau einer Multimedia-Anwendung

2 Aufbau einer Multimedia-Anwendung

2.1 Struktur

Bei der ganzen Euphorie, mit der viele Multimedia-Projekte entwickelt werden, sollte nie vergessen werden, daß sie nicht Selbstzweck sind. Sie sind stets nur Werkzeug zur Vermittlung eines Inhalts an ein bestimmtes Zielpublikum. Ein multimediales Produkt muß sich daran messen lassen, daß es dem Käufer/Benutzer im Vergleich zu einem entsprechenden Printmedium oder einer anderen Informationsquelle einen erkennbaren Mehrwert bietet. Nur unter dieser Voraussetzung wird die Bereitschaft, darin Geld zu investieren, über einen einmaligen Kauf oder Auftrag hinausreichen.

Nach der anerkannten Design-Grundregel

form follows function

legt deshalb letztlich auch der Zweck und die Zielgruppe die innere Struktur sowie die Gestaltung einer Anwendung fest. Ob es sich um einen Werbeträger für ein Produkt, um eine Präsentation, eine CBT (Computer Based Training)-Anwendung etc. handelt, bestimmt sowohl die Feinheiten der Struktur und der Interaktivität als auch die Ästhetik der Bedieneroberfläche und den Eindruck der gesamten Applikation.

Trotz dieser Variabilität im konkreten Aufbau von Multimedia-Anwendungen lassen sich einige typische Elemente ausmachen, die in verschiedener Form und Zusammensetzung immer wieder als Bausteine von Multimedia-Programmen vorkommen.

Auch die Struktur vieler Anwendungen, d.h. die Anordnung dieser Elemente, läßt ein häufig wiederkehrendes einfaches Baumuster erkennen, das als Basis für die Betrachtung einer „typischen" Multimedia-Anwendung dienen kann.

Wir werden in diesem Buch am Beispiel eines kleinen Geologie-Kurses die verschiedenen Schritte bei der Erstellung einer typischen Multimedia-Anwendung aus dem CBT-Bereich kennenlernen. Die hier eingesetzten Baumuster und Bausteine lassen sich jedoch ebenso auch für Anwendungen beliebiger anderer Zielrichtungen einsetzen. Wir werden an dieser Stelle jedoch nur auf die direkte Realisierung der Anwendung in Director und Lingo eingehen. Zu weitergehenden Fragen aus den Bereichen Projektplanung, Design und Projektmanagement müssen wir auf die entsprechende Fachliteratur verweisen (Lit. [1],[2],[3],[4]).

Typischer Aufbau einer
Multimedia-Anwendung

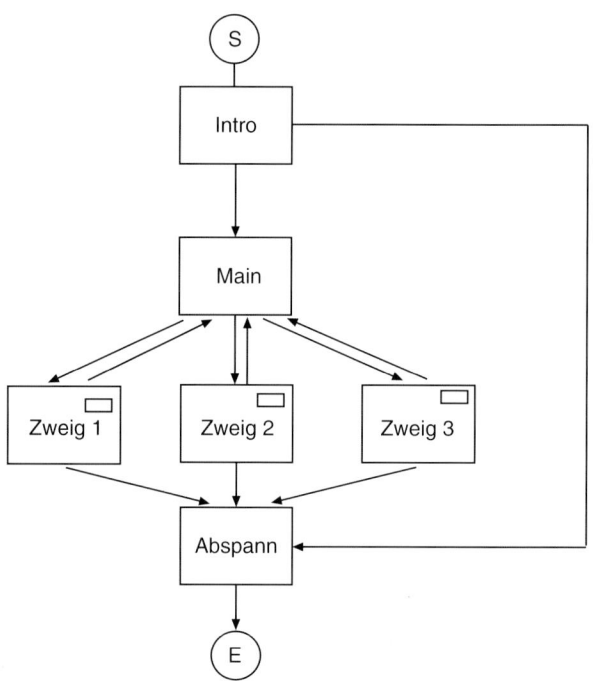

Das Flußdiagramm zeigt, wie man die allermeisten Multimedia-Programme von ihrem Aufbau her in ein Standardschema einordnen kann. Ein Trailer (Intro) sorgt für einen interessanten Einstieg in das Programm. Er führt zu einem Auswahlbildschirm, der als Hauptmenü (Main) dient. Von hier aus können die einzelnen Programmzweige erreicht werden. Ebenfalls sollte zumindest auf dem Haupt-Auswahlbildschirm eine Möglichkeit zur individuellen

Konfiguration auf einer Einstellungen-Seite und eine Hilfefunktion zur Verfügung stehen. Diese Voreinstellungsseite kann selbst einer der parallel liegenden Zweige sein, diese Lösung haben wir in der Beispielanwendung gewählt.

Die einzelnen Programmzweige können entweder eine einfache Abfolge von Aktionen darstellen (Dia-Show, Videos, Animationen) oder nur aus einem einzigen komplexeren Programmelement bestehen (Spiel, Simulation) oder sich selbst wieder baumartig in jeweils mehrere Unterzweige (Untermenüs) gliedern.

In unserem konkreten Anwendungsfall entscheiden wir uns für die übersichtliche Baumstruktur. Sie sollten in realen Anwendungen jedoch darüber hinaus weitere Navigationshilfen vorsehen.

2.2 Navigation

Zwischen einzelnen Unterzweigen kann entweder direkt gewechselt werden (Netzstruktur), oder aber der Rückweg führt immer über den jeweils höheren Menüpunkt (klassische Baumstruktur).

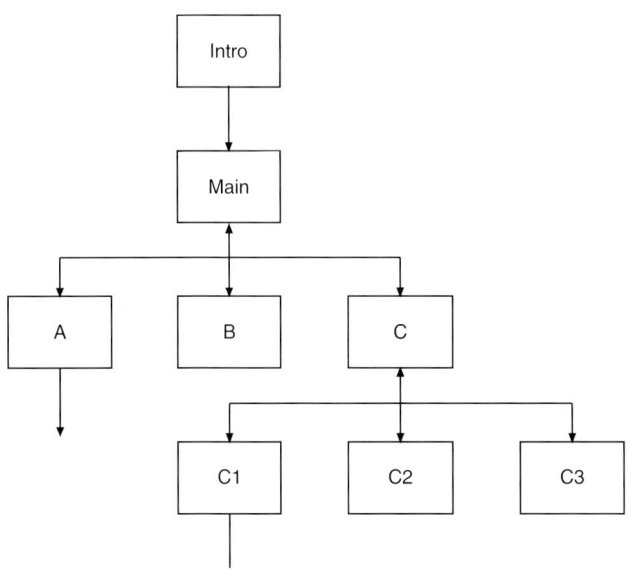

Multimedia-Navigation über die klassische Baumstruktur

Multimedia-Navigation über
eine reine Netzstruktur

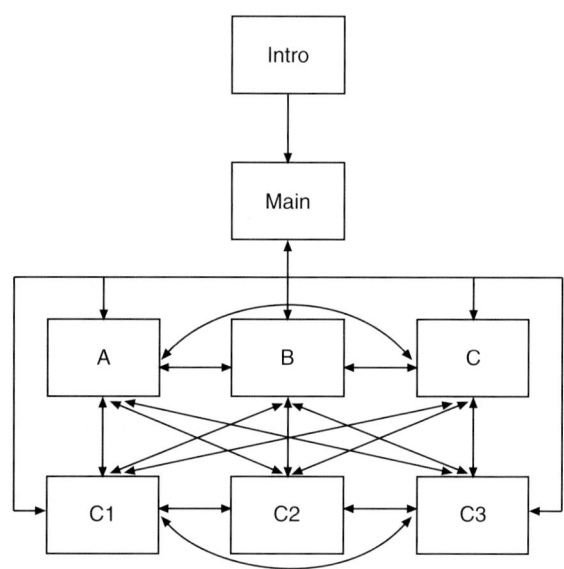

Multimedia-Navigation über
eine gemischte Baum—Netz-
struktur

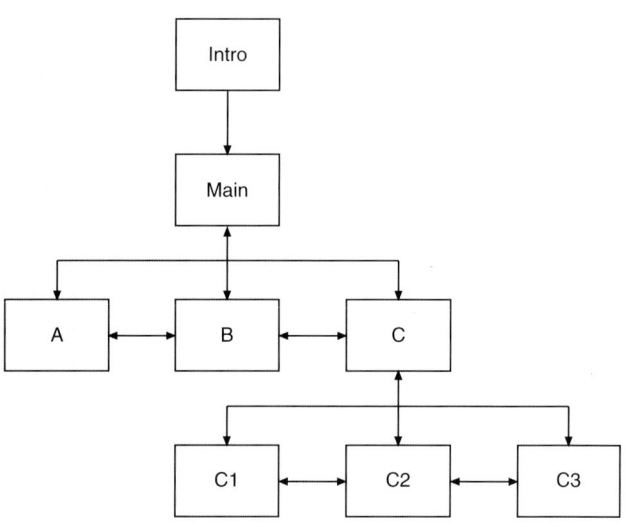

Während die Baumstruktur alleine nur eine wenig komfortable
Navigation erlaubt, hat sie doch den Vorteil großer Übersichtlichkeit. Wie aus der oberen Abbildung auf dieser Seite zu erkennen

ist, werden komplett verknüpfte Netzstrukturen sehr schnell zu
unübersichtlich und erfordern zu viele Schaltflächen. Oft wird als
Kompromiß aus beiden Möglichkeiten eine teilvernetzte Struktur
eingesetzt. Weiterhin unterscheiden sich Anwendungen darin, ob
sie von jedem Zweig aus direkt verlassen werden können oder nur
vom Hauptmenü aus.

Neben dieser leicht ersichtlichen Oberflächenstruktur und der
damit definierten „primären Navigation" zwischen den Pro-   primäre Navigation
grammzweigen können parallel zusätzliche Navigationsinstru-
mente zweiter Ebene („sekundäre Navigation") existieren. In diese sekundäre Navigation
Kategorie gehören z.B. textuelle und grafische Hypertextsysteme,
Orientierungshilfsmittel, Hilfesysteme etc.

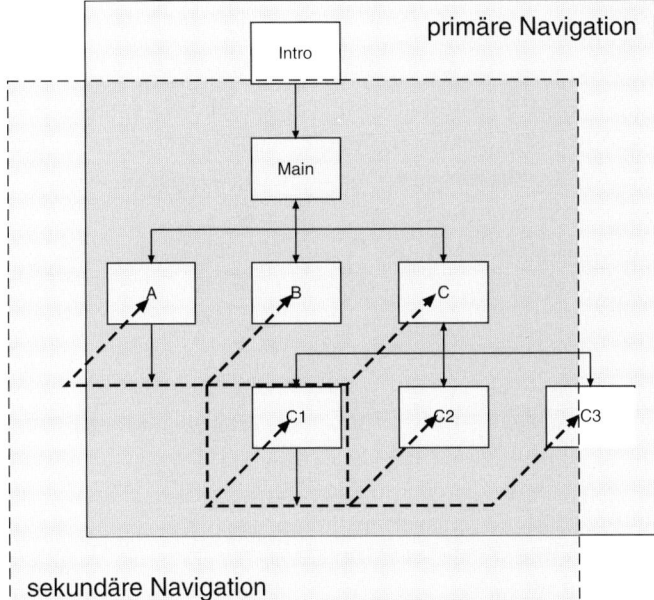

Ebenen primärer und sekundä-
rer Navigation

Eine solche sekundäre Navigationsstruktur ermöglicht eine wesentlich dichtere Vernetzung. Sie erlaubt einen schnellen Wechsel zwischen den Programmteilen und macht die Anwendung komforta-
bler. Die Gefahr besteht allerdings, daß der Anwender sich in einer
komplexen Anwendung einfach verirrt. Hier müssen Hilfsmittel
geschaffen werden, die eine Orientierung erleichtern. Bereits
besuchte Informationen und noch nicht eingesehene Inhalte sollten z. B. in einer Art Übersichtskarte kenntlich gemacht werden.

2.3 Gliederung

Die Strukturierung einer Anwendung in logische Bereiche (Programmzweige) hängt natürlich in der Praxis weitgehend von den zu vermittelnden Inhalten ab. Im Stadium der Konzeption geht es zunächst darum, die zukünftige Anwendung zu strukturieren (was im Falle unseres Beispieles schon vorweggenommen wurde). Zu Beginn der Entwicklung wird meist in einem „brainstorming" mit den Projektbeteiligten über Inhalt und Gliederung diskutiert. In einem Drehbuch wird sodann in oft monatelanger Arbeit die Aufteilung des Stoffs festgelegt und die Art der Darstellung gewählt.

Häufig zeigt sich, daß sich die wiederzugebende Information bezüglich der Darstellungsweise in gewisse Kategorien aufteilen läßt, die dann jeweils als Programmbausteine implementiert werden. Die Bausteine sollten von Anfang an so konzipiert werden, daß sie später in anderen Applikationen mit möglichst geringem Änderungsaufwand wiederverwendet werden können. Hierzu ist es erforderlich, die Director-Anwendung aus vielen kleinen Einzelfilmen zusammenzusetzen, die logisch und programmtechnisch möglichst komplett unabhängig sein sollten. Sehr günstig wirkt sich auch oft die Verwendung externer Besetzungen aus oder sogar der Einsatz von MIAWs (**M**ovie **I**n **A W**indow; auf diese Technik können wir in diesem Buch nicht eingehen, Sie finden Informationen hierzu in Lit.[2, Kap. 5.9], [4]).

In den folgenden Kapiteln wird jeweils exemplarisch auf einen typischen Baustein eingegangen. Dabei kommen Trailer und Abspann und Menüs ebenso zur Sprache wie Dia-Show, Videosteuerung, Quiz, Animation und Simulation. Aus diesen Komponenten baut sich schließlich die gesamte Beispielanwendung auf.

2.4 Interaktivität und Lernmethoden

Die Gliederung und der Grad an Interaktivität wird sich auch danach richten, ob das Thema in einer behavioristischen Lernform Stufe für Stufe vermittelt werden soll, ob wie bei kognitivem Lernen aktives Vorgehen vom Lernenden erwartet wird oder ob sogar die komplexen Werkzeuge für ein konstruktivistisches und exploratives Lernverfahren bereitgestellt werden sollen.

Abgesehen von technischen oder finanziellen Faktoren und der kommerziellen Zielsetzung ist die Auswahl der jeweils optimalen Art und Weise, ein Wissensgebiet darzustellen, vor allem abhängig vom Grad des Vorwissens, über das die potentiellen Benutzer verfügen.

Während ältere Denkansätze das Augenmerk hierbei auf den Wandel der Relation zwischen Benutzer und Objekt richteten, trat in der konstruktivistischen Schule der selbstreferentielle Charakter lebender Systeme in den Vordergrund. Die Erkenntnisse des dort untersuchten Zusammenhangs zwischen Wahrnehmung, Begriffsbildung und intentionalem Handeln sind auf dem Gebiet interaktiver Lernsysteme vor allem für die Navigationsinstrumente wichtig.

Kognitive Medien können in einer dreidimensionalen Matrix durch drei Parameter beschrieben werden:

• Nach dem Grad der Lerner-Aktivität: Der Benutzer wird durch das Interface und die Funktionsweise der Anwendung eher zu einer aktiven oder passiven Nutzung des Mediums angeregt.

• Nach der Art des Produkts: Das Produkt läßt dem Benutzer die Freiheit, eine Präsentation zu realisieren, deren Art und Verlauf bis zu einem bestimmten Grad benutzerdefiniert ist, oder Darbietung und Ablauf sind im wesentlichen systemgesteuert.

• Nach der Art der Kontrolle und der Steuerung: Inwieweit ist die Steuerung der Mediennutzung vom System vorgegeben und in welchem Maß kann der Benutzer die Kontrolle über die Anwendung übernehmen? Dies gilt sowohl in objektiver programmablauftechnischer Sicht als auch in Hinblick auf das subjektive Erleben des Anwenders.

Solche methodischen Überlegungen sind zugegebenermaßen nicht für absolut jede CD-ROM-Applikation relevant. Handelt es sich bei einem Produkt aber um eine CBT (Computer Based Training)-Anwendung im weitesten Sinne, so sollten sie in der Konzeption Beachtung finden.

Trailer und Abspann

3 Trailer und Abspann

Die erste Begegnung mit einem unbekannten Gegenüber, um genau zu sein, die ersten Augenblicke dieser Begegnung, prägen entscheidend den weiteren Verlauf der Beziehung – wie im Sozialen so auch in der EDV: Vorspann und Abspann einer Multimedia-Anwendung sollten in der Regel zeitlich kurz, im Ausdruck jedoch um so prägnanter sein. Neben einer summarischen Erstinformation transportieren sie vor allem die Ausstrahlung des Produkts und stimmen den Benutzer emotional darauf ein. Unausgesprochen erfüllen sie zudem eine strukturelle Funktion, indem sie den Benutzer einen Anfang und ein Ende erleben lassen. Die beiden Komponenten verhalten sich also gewissermaßen spiegelbildlich zueinander. Es erscheint uns deshalb sinnvoll, sie gemeinsam in diesem Kapitel zu behandeln, in dem es um die Vorarbeiten für eine Gliederung unserer Beispielanwendung gehen soll.

3.1 Wie mache ich einen Trailer?

Als „Trailer" bezeichnet man die Eingangssequenz zu einer Multimedia-Anwendung. Sie dient dazu, die Applikation mit ihrem Titel vorzustellen und den Benutzer auf das Thema einzustimmen. Nur wenige Typen von Multimedia-Anwendungen kommen völlig ohne oder mit einem rudimentären Trailer aus. Dazu gehören vor allem Kiosksysteme, die der Benutzer normalerweise immer in ihrem Ruhezustand, dem Hauptmenü, antrifft, ohne sie jedesmal neu starten zu müssen.

Zusammen mit dem Abspann (s.u.) trägt der Trailer überdurchschnittlich viel zum unverwechselbaren Charakter der meisten Multimedia-Anwendungen bei. Das Design sollte deshalb die Elemente der Kernanwendung aufnehmen und nutzen. Da der Trailer die „Visitenkarte" der Anwendung darstellt, sollte ihm ganz besondere Aufmerksamkeit gewidmet werden. Oft werden in diesem Zusammenhang auch aufwendige, mit 3D-Programmen erstellte Trickfilmsequenzen eingesetzt. Achten Sie aber bitte stets auf Konsistenz zu der restlichen Anwendung.

Bei wiederholter Betrachtung allerdings wirkt jeder noch so aufwendig gestaltete Trailer irgendwann langweilig. Aus diesem Grund sollte er grundsätzlich immer durch einen einfachen Mausklick abbrechbar sein und niemand dazu gezwungen werden, sich die Eingangssequenz immer wieder anzusehen.

Zweck des Trailers ist es:

- Aufmerksamkeit zu erregen

- Das Thema der Anwendung vorzustellen

- Den Titel des Produkts einprägsam darzustellen

- Das Interesse am Produkt zu verstärken

- Mit Technik zu begeistern

Die wichtigsten Daumenregeln für Trailer:

kurz

- Nicht zu lange Trailer machen (gut sind etwa 10–20 Sekunden)

abbrechbar

- Trailern mit Mausklick abbrechbar machen

In diesem Abschnitt soll ein Trailer mit nur rudimentärer Interaktion erstellt werden. Behandelt werden die Themen Bewegung, Skalierung, Drehung, Pseudo-3D, die Zusammenarbeit mit Photoshop, Überblendungen und Sound. Die Interaktion beschränkt sich auf die Abbrechbarkeit des Trailers über einen Mausklick.

Voreinstellungen

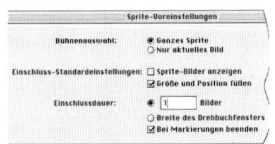

Änderung der Voreinstellungen von Director 6

Für die folgenden Übungen sollten Sie eine kleine Änderung an den Voreinstellungen von Director vornehmen. Öffnen Sie dazu bitte den Dialog »Ablage:Voreinstellungen:Sprite...« und legen Sie die anfängliche Dauer neuer Kobolde über „Einschlußdauer" auf ein einziges Frame fest. Sobald Director-Filme keine reinen Animationen sind, sondern vorwiegend programmgesteuert ablaufen, ist diese Einstellung günstiger als die Grundeinstellung, da in den meisten Fällen nur ein oder zwei Frames genutzt werden. Wollen Sie einen so erzeugten „kurzen" Kobold doch über mehrere Frames ausdehnen, so können Sie dies einfach durch Ziehen mit der Maus bei gedrückter Taste <Wahl> erreichen.

Erstellen einer Trailer-Animation

Für die Erstellung eines Trailers kommen wir am Anfang noch ohne Lingo-Programmierung aus. Erst wenn es später um die Abbrechbarkeit und um das nachfolgende Hauptmenü geht, ist Programmierung erforderlich.

Übung

Erstellen Sie mit den Hilfsmitteln des Director-Drehbuchs eine einfache Traileranimation, die den Geologie-Kurs vorstellt.

Anregungen: Teile der Erde setzen sich zusammen; ein Vulkanausbruch läuft ab; Wolken lichten sich und geben den Blick auf die Erde frei; ein Planet wird aufgeschnitten. Ein Titel wie „Die Erde unter unseren Füßen", „Aufbau der Erde" o.ä. entsteht bei begleitender Musik aus dem Hintergrund oder fliegt effektvoll ins Bild.

Denken Sie daran, daß Sie die Hintergrundfarbe der Bühne über »Modifizieren:Film:Eigenschaften...« festlegen können, falls in Ihrer Animation nicht die gesamte Bühne durch Kobolde bedeckt ist.

Im letzten Frame der Traileranimation mit dem Marker „Main" wird im Skriptkanal des Drehbuchs ein einfaches Skript angebracht, das einen Aufruf des nachfolgenden Films, nämlich des Hauptmenüs, verursacht.

```
on exitFrame
  play movie "GMain"
end
```

Der hierzu normalerweise notwendige Befehl `play movie` veranlaßt einen automatischen Rücksprung nach Beendigung des aufgerufenen Films. Wie wir in Kapitel 2.2 angesprochen haben, gibt es noch eine weitere Variante der Navigation: Über den Befehl `go to movie` wird zu einem anderen Film verzweigt, ohne daß später zurückgesprungen wird.

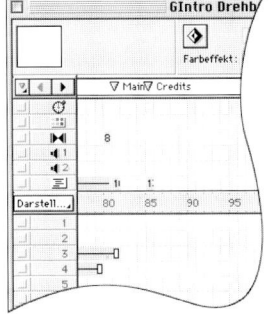

Da die Teilfilme der Geologie-Beispielanwendung sich allerdings (wegen der eindeutigen Zuordnung zu den Buchkapiteln) in unterschiedlichen Verzeichnissen befinden, wird in der Beispieldatei über die Hilfsprozedur playMovieInFolder verzweigt. Deren Funktionsweise soll hier nicht Gegenstand der Betrachtung sein.

Marker setzen

Es ist sinnvoll, für dieses Frame auch einen Marker zu definieren. Klicken Sie dazu in die weiße Zeile des Drehbuchfensters oberhalb der Zellenanzeige (oder ziehen Sie bei Director 5 ein drei-

41

eckiges Markersymbol über die Spalte) und geben Sie die Bezeichnung „Main" hinter dem Symbol ein.

Dieser Marker läßt sich für zwei Dinge nutzen. Zum einen kann man, solange man noch an der Animation arbeitet, durch eine einfache Prozedur verhindern, daß der Film bei jedem Probelauf in Richtung Hauptmenü verlassen wird, zum anderen wird er für die Abbrechbarkeit durch den Benutzer verwendet.

```
on exitFrame
  go to frame "Main"
end
```

Das Verlassen des Films können Sie durch ein Skript wie nebenstehend abgebildet verhindern. Falls Sie es vorziehen, diese Dinge per „Verhalten" zu erledigen, können Sie alternativ das Verhalten **„Auf aktuellem Bild bleiben"** oder das Verhalten **„Gehe zu Markierung"** in den Skriptkanal ziehen. Eine weitere Möglichkeit für Tests ohne Weiterspringen besteht über die Steuerpalette, in der sich durch die Schaltfläche rechts unten ein bestimmter vorher ausgewählter Bereich von Frames zum Abspielen definieren läßt.

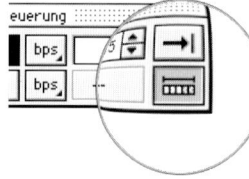

Programmzweig

Wir werden dieser für Director typischen Struktur – einer Schleife in einem Frame, die bis zur nächsten Interaktion „endlos" ausgeführt wird – an sehr vielen Stellen wieder begegnen. Eine solche „Warteschleife" in einem Frame wird oft auch als „Programmzweig" (Branch) bezeichnet.

Die Abbrechbarkeit des Trailers kann durch einen während der ganzen Sequenz sichtbaren Weiter-Knopf realisiert werden, der ein Koboldskript oder ein Darstellerskript (siehe Randspalte) trägt.

```
on mouseUp
  go to frame "Main"
end
```

Es geht aber auch einfacher. Wenn kein Button sichtbar sein soll, sondern gewollt ist, daß ein Mausklick an jede beliebige Stelle des Bildschirms das Überspringen veranlaßt, kann der gleiche Befehl auch im Frameskript der ganzen Trailersequenz angebracht werden. Er gilt jetzt für alle Mausklicks, die während des Trailers auftreten und kein aktives Objekt treffen.

Wenn sich nach dem Trailer ein anderer Film anschließen soll, darf natürlich nicht wie oben angedeutet in einem Frame endlos gewartet werden. Sie müssen das Skript dann wieder entsprechend abändern.

3.2 Der Abspann

Der Abspann ist dem Trailer technisch sehr ähnlich und wird als weitere Übung zu schwach interaktiven Animationen eingesetzt.

Zusammen mit dem Trailer (s.o.) umrahmt der Abspann die eigentliche Applikation. Fast alle dort vermerkten Regeln gelten entsprechend für den Abspann. Als letzter wahrgenommener Eindruck bleibt der Abspann besonders gut im Gedächtnis haften.

Zweck des Abspanns ist es:

- Alle Projektbeteiligten aufzuführen

- Die Bezugsadresse für die Applikation zu nennen

- Firmenlogos für den Wiedererkennungseffekt zu präsentieren

- Logos verwendeter Technologien aus lizenzrechtlichen Gründen zu zeigen

In einfachen Fällen kann der Abspann auch daraus bestehen, die Impressum-Seite nochmals kurz anzuzeigen. Bei größeren Produktionen allerdings lohnt es sich, hier etwas mehr Arbeit zu investieren.

Die wichtigsten Daumenregeln für den Abspann:

- Er sollte jederzeit durch Mausklick abbrechbar sein | abbrechbar

- Er sollte die Bezugsadresse lange genug anzeigen und eventuell sogar eine Schaltfläche für das Ausdrucken einer Bestellung enthalten. | Adresse

- Er sollte sich nach kurzer Zeit automatisch schließen und ohne Anwenderreaktion nicht beliebig lange auf dem Bildschirm stehenbleiben. | automatisch beenden

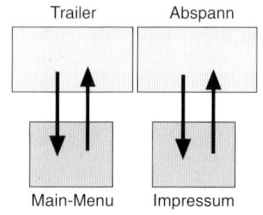

Aufruf des Hauptmenüs zwischen Trailer und Abspann

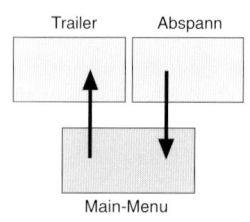

Aufruf des Abspanns vom Trailer aus

Wichtig! Es ist nicht Aufgabe des Abspanns, den Anwender gegen seinen Willen in der Applikation festzuhalten. Kaum eine andere Sache an einem Programm kann beim Anwender mehr Wut erzeugen, als wenn er den Ausgang nicht findet oder aber durch endlose Werbeeinblendungen zum Warten auf die gnädige Entlassung aus den Klauen der CD genötigt wird. Der ganze positive Eindruck, den man mit einer sorgfältig gemachten CD mühsam erreicht hat, kann sich auf diese Weise schnell ins Gegenteil verwandeln.

Technisch könnte die Abspann-Animation z.B. einfach in derselben Datei wie der Trailer in den Frames nach dem Rücksprung aus dem Hauptmenü (Main-Menu) angebracht werden. Diese Lösung wird sehr oft gewählt und eignet sich gut.

Wir haben in unserem Beispiel trotzdem einen anderen Weg gewählt. Um die gleiche Animation, die als Abspann dient, auch als „Impressum" aus dem Hauptmenü aufrufen zu können, ist sie in einem getrennten Film realisiert. Sie trägt hier die Bezeichnung `"GImpres1.DIR"`. Ein weiterer Vorteil dieser Vorgehensweise besteht darin, daß die Anwendung stärker modularisiert wird und die Programmteile daher leichter von mehreren verschiedenen Personen parallel bearbeitet werden können.

Erstellen einer Abspann-Animation

Übung

Versuchen Sie, eine Abspann-Animation mit nach oben durchrollendem Text zu erzeugen, wie sie von vielen Filmen bekannt ist.

a) Aufruf aus der Beispielanwendung

Um Ihren eigenen, in einem getrennten Film realisierten Abspann in die Beispielanwendung „einzuhängen", können Sie einfach den Aufrufbefehl im Frame `"Main"` der Datei `"GIntro.DIR"` auf den gewünschten Dateinamen abwandeln. Ebenso können Sie Ihre Animation aber auch direkt ab dem Marker `"Credits"` in der Datei `"GIntro.DIR"` unterbringen. Ihre Abspann-Animation läuft nun immer ab, wenn aus dem Hauptmenü der Beispielapplikation „Beenden" gewählt wird.

b) Realisierungsvorschlag

Benutzen Sie für den durchrollenden Text einen großen, mehrere Bildschirme hohen Bitmap-Darsteller, den Sie im Fenster »Malen« erzeugen können. Auch Firmenlogos einzelner „projektbeteiligter" Firmen können Sie in dieses Bild integrieren. Die Frames der Abspann-Animation sollten an der Stelle des Drehbuchs beginnen, die mit dem Label "Credits" markiert wurde oder wie oben beschrieben in einer eigenen Filmdatei. Der Darsteller wird im Drehbuch von unten nach oben bewegt, bis er ganz aus dem sichtbaren Bereich verschwunden ist. Dehnen Sie dazu den Kobold über so viele Frames, daß eine flüssige Bewegung entsteht. Zeigen Sie die Bezugsadresse und das Logo des Copyright-Inhabers im nächsten Frame an und duplizieren Sie dieses Frame (z.B. durch »Einsetzen:Bild«).

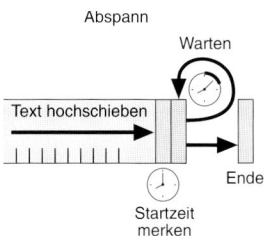

Struktur eines Abspanns

Machen Sie den Abspann ähnlich wie den Vorspann durch Mausklick abbrechbar. Verwenden Sie als Sprungziel eine Markierung "Ende" auf dem letzten Frame der Animation.

c) Automatischer Abbruch nach Zeitablauf

Bringen Sie jetzt am vorletzten Frame des Abspanns ein Framescript an, das die aktuelle Zeit in eine globale Variable speichert:

```
on exitFrame
  global gEndTime
  set gEndTime = the ticks
end
```

Schieben Sie die Marke "Ende" auf das vorletzte Frame.

Zeitmessung

Nun muß im letzten Frame eine Schleife eingebaut werden, die den Film für einige Sekunden an dieser Stelle warten läßt.

Mit dieser Programmierung wird festgelegt, daß das letzte Frame immer wieder aufgerufen wird, bis die geplante Wartezeit (hier 10 Sekunden) abgelaufen ist. Danach wird auf das nächste Frame weitergeschaltet. Ist die Sequenz die letzte im Drehbuch, wird das Programm beendet.

```
on exitFrame
global gEndTime
  if the ticks < ¬
    gEndTime + 10*60 then
    go to the frame
  end if
end
```

Hinweis: Achten Sie beim Testen darauf, daß die „Loop"-Funktion der Steuerpalette nicht eingeschaltet ist, sonst beginnt der Film erneut!

Warten „bis zur Endzeit"

45

Um das Ganze richtig testen zu können, sollten Sie einen Projektor herstellen. Beim Projektor wird das Programm nach dem letzten Frame wirklich beendet, während der Film in der Entwicklungsumgebung einfach stehenbleibt (erkennbar in der Steuerpalette).

```
on mouseUp
  go to the frame + 1
end
```

Warten mit Abbruchmöglichkeit

Um auch den ansonsten für einige Zeit stehenbleibenden Film abbrechbar zu machen, können Sie das Skript durch eine Routine ergänzen, die bei Mausklick zum nächsten Frame wechselt (und den Film damit sofort beendet).

Programmzweige und Menüs

4 Programmzweige und Menüs

Die Inhalte einer Multimedia-Anwendung werden normalerweise in logische Zweige aufgeteilt, die entweder verschiedene Themen in technisch ähnlicher Form behandeln (z. B. mehrere Dia-Shows) oder aber technisch unterschiedlich realisiert sind (etwa Dia-Show, Video, Spiel, Lexikon und Simulation zu möglicherweise dem gleichen Thema).Die Zweige sind entweder Bereiche im selben Drehbuch, getrennte Einzelfilme oder sogenannte "MIAWS" (in den Film eingebundene Filme), die vom Menüfilm aus aufgerufen werden.

Die Struktur der Anwendung wird letztlich aus deren Inhalt abgeleitet. Die Art und Weise der Navigation, wie sich der Benutzer also darin bewegt, wird eher von der Zielsetzung des Projekts bestimmt, ebenso wie der Grad an Interaktivität. Die Spannbreite reicht hier vom automatischen Abspulen über die Blättermaschine bis hin zur konfigurierbaren Anwenderschnittstelle. In diesem Kapitel stellen wir dar, wie mit Hilfe von Director ein maßgeschneidertes Menü aufgebaut werden kann. In diesem Menü sind alle relevanten Themen unseres Beispielprojekts vertreten und durch Mausereignisse unmittelbar zugänglich. Von Bedeutung wäre dabei natürlich auch, die Interessenlagen, Vorwissen und Vorlieben der Benutzer zu berücksichtigen und eine persönliche Konfiguration zuzulassen (Lautstärkeregler, Sprachwahl).

4.1 Programmzweige

Der Begriff „Programmzweig" wurde bereits mehrfach verwendet und sollte in seiner logischen Bedeutung ungefähr klar geworden sein. Was ist nun aber ein Programmzweig genau und wie wird er in Lingo technisch realisiert?

Letztlich ist ein Programmzweig in diesem Sinne nichts anderes als eine Situation am Bildschirm, in der Benutzereingaben erfolgen können, also eine Art von Wartezustand. (Währenddessen können sich durchaus sichtbare Dinge am Bildschirm ereignen. Es gibt z.B. Programmzweige, bei denen eine Animation läuft, eine Simulation auf eingegebene Daten reagiert, Sprache, Musik oder ein Video abgespielt wird.)

Lingo hält zwei Mechanismen bereit, um die Weiterbewegung des gedachten Abspielkopfs entsprechend der zeitlichen Abfolge von Frame zu Frame zu verhindern. Die erste ist der Befehl **pause**. Er wird allerdings in der Praxis kaum eingesetzt, da er auch alle Hintergrundaktivitäten wie das Abspielen eines Sounds oder Videos verhindert; hier soll auf diesen Befehl nicht weiter eingegangen werden. Eine wesentlich interessantere Möglichkeit, einen Programmzweig zu realisieren, haben wir bereits oben kennengelernt. Sie besteht darin, die normale Frame-Abfolge von links nach rechts über einen **go to frame**-Befehl in eine „endlose" Schleife zu verwandeln, die ein oder (seltener) auch mehrere Frames umfassen kann.

Bereits die realisierte Warteschleife zwischen Trailer und Abspann ist also nichts anderes als unser erster Programmzweig, der allerdings als einzelnes Exemplar seinen Namen noch nicht ganz zu recht trägt. Er dient im Augenblick nur als Haltepunkt, der bei Mausklick später zum Abspann führen wird.

Werden nun mehrere solcher Schleifenframes oder Programmzweige in einem Film angelegt, so genügt bereits ein einfacher in einem Koboldskript angebrachter **go to frame**-Befehl, um zwischen diesen Zweigen zu wechseln. Meist läßt man aus Gründen der Übersichtlichkeit einige Frames Platz zwischen den Programmzweigen (in Director 6 bieten sich die grau hinterlegten Frames an, die an jeder fünften Position liegen) und gibt jedem Zweig einen eigenen Marker als Sprungziel.

Benutzer von Director 6 können das Verhalten „**Auf aktuellem Bild bleiben**" aus der Verhaltensbibliothek in den Skriptkanal ziehen, um den gleichen Effekt zu erreichen. Der Wechsel zu einem anderen Frame erfolgt entsprechend über das auf einen Kobold gezogene Verhalten „**Gehe zu Bild**".

Obwohl die Anwendung eines Verhaltens für Anfänger zunächst sehr bequem ist, kann deren Verwendung für größere Projekte i. allg. nicht empfohlen werden, da sie bei allfällig notwendig werdenden Ergänzungen und Änderungen wesentlich unübersichtlicher sind als klassische Kobold- oder Darstellerskripte.

Animationen während einer Warteschleife

Die im vorigen Kapitel erstellte Abspann-Animation endet mit einem Bildschirm, der für eine gewisse Zeit stehen bleibt. Er ist sehr leicht in eine Animation umzuwandeln. Das dargestellte Firmenlogo soll sich während der Wartezeit unentwegt bewegen, z.B. auf einer kreisförmigen Bahn.

Übung

Öffnen Sie bitte die erstellte Übung und verschieben Sie den Marker "Ende" ca. 50 Frames nach rechts – drehbuchgesteuerte Animationen benötigen viel Platz im Drehbuch. Verlängern Sie den Kobold des Logos mit der Maus 50 Frames weit nach rechts (Taste <Wahl> festhalten!). Aktivieren Sie die letzte Zelle des Kobolds und ziehen Sie das Logo auf der Bühne ein Stück weg. Der Kobold erscheint nun mit einer Linie, die seinen Bewegungspfad in der Zeit symbolisiert. Ein fetter grüner Punkt im Logo markiert die Position am Anfang, ein roter Punkt die Position am Ende der Bewegung. Um eine kreisförmige Bewegung zu erreichen, müssen Sie weitere Keyframes in den Pfad einfügen. Klicken Sie dazu im Drehbuch auf die gewünschte Zelle des Kobolds und wählen Sie den Menüpunkt »Einfügen:Schlüsselbild«. Auf der Bahn des Logos erscheint nun ein neuer Punkt , den Sie für eine gekrümmte Bewegung aus der Geraden herausziehen können. Durch Einfügen einiger weiterer Schlüsselbilder können Sie jede gewünschte Bewegung des Logos erreichen. Stellen Sie den Endpunkt der Bewegung wieder in die Nähe des Ausgangspunkts, um eine Schleife zu durchlaufen. Mit Director 5 erreichen Sie den gleichen Effekt durch Festlegen einiger Zellenpositionen, Aktivieren des ganzen Bereichs und Anwendung des Menüpunkts »Modifizieren:Speziell füllen...«.

4.2 Menüs

Der allgemeine Aufbau einer Menüführung wird im folgenden erläutert und dabei das Hauptmenü der Beispielapplikation erarbeitet, das Verzweigungen zu mehreren, in den folgenden Kapiteln einzeln realisierten Programmzweigen ermöglicht.

Zweige werden entweder als Bereiche im selben Drehbuch, als Einzelfilme oder als sogenannte „MIAWS" (in den Film eingebundene Filme) realisiert, die vom Menüfilm aufgerufen werden.

In unserem konkreten Fall werden fast alle Zweige als einzelne Filme realisiert.

Die Geologie-Anwendung, die in dieser Hinsicht typisch für viele ähnliche Applikationen ist, soll folgende Bereiche enthalten, für die Menüpunkte vorgesehen werden:

Impressum

Das Impressum fehlt normalerweise in keiner Multimedia-Anwendung. Die im vorliegenden Beispiel (Kapitel 5) eingebaute Minimalversion kann natürlich beliebig ausgebaut werden. Sie haben Sie bereits kennengelernt: Der gleiche Teilfilm wird nämlich auch für den Abspann benutzt. Als Impressum-Zweig ist er aber auch aus dem Hauptmenü zugänglich.

Vorgaben

Über den Menüpunkt Vorgaben erreicht man eine ebenfalls in Kapitel 5 erläuterte Seite (Vorgabenseite) mit technischen Einstellungen für die Anwendung. Hierher gehören etwa die Lautstärkeeinstellung, Einstellungen der Farbtiefe etc., aber auch die Einstellungen für den Internet-Update (Kapitel 12).

Eine Reise zum Ätna – Eine einfache Dia-Show

Dieser in Kapitel 6 weiter ausgeführte Programmzweig stellt eine einfache Blätter-Anwendung für Bilder und Texte dar, wie sie für sehr viele Zwecke in der Praxis benötigt wird (z.B. Produktkataloge, Museumspräsentationen, Städteführer).

Geologische Phänomene – Ein Dokumenten-Darstellungssystem

Für größere Text- und Bildsammlungen ist dieser Menüpunkt charakteristisch. In der Praxis eignet sich die in Kapitel 7 ausgeführte Anwendung z.B. hervorragend zur Präsentation von Skripten, Büchern und technischen Dokumentationen. Die Beispielanwendung zeigt Ausschnitte aus dem bei W&P in Produktion befindlichen Geologie-Fachlexikon und anderer bereits erschienener Veröffentlichungen.

Geologisches Quiz – Ein einfaches Lernspiel

Erfahrungsgemäß werden die Quiz-Menüpunkte in der Praxis am häufigsten benutzt. Selbst noch so ehrwürdige Liebhaber reiner Information stellen gerne ihre Kenntnisse unter Beweis. Aus diesem Grund sollte ein Lernspiel, in diesem Fall ein einfaches Quiz, auf keiner CD fehlen. In Kapitel 8 wird der zu diesem Menüpunkt gehörende Programmzweig vorgestellt.

Simulierte Wirklichkeit – Simulationen

Durch diesen Menüpunkt wird ein weiteres Untermenü von Simulationen zugänglich. Die Auswahl geschieht in analoger Weise wie im Hauptmenü über Bildsymbole. In Kapitel 9 wird es um die Realisierung einer Simulation gehen. Diese Anwendung ist auch ein Beispiel einer interessanten Menüdarstellung durch vor- und zurückzoomende Vorschaubilder.

Bestelliste – eine Tabellenkalkulation in Lingo

Was man liest, möchte man gerne in Händen halten. Eine Bestellfunktion ist deshalb ein oft benötigtes Modul für eine CD-ROM. In der Beispielapplikation könnte sie z. B. genutzt werden, um typische Sekundärprodukte wie käufliche Mineralien, Overheadfolien der dargestellten Medien, Bücher oder auch ein weiteres Exemplar der CD selbst anzubieten. Die in Kapitel 10 ausgeführte Bestellfunktion wird durch eine in Kapitel 11 gezeigte Druckfunktion komplettiert. Sie erscheint jedoch nicht mit eigenem Menüpunkt im Hauptmenü.

Hilfe – ich komme nicht heraus!

Soweit sollte es nie kommen. Wir plazieren also auf dem Hauptschirm gut sichtbar einen Menüpunkt „Beenden" zum Verlassen der Anwendung.

Das Menüprogramm

Das Menüprogramm tauscht den Darsteller des Menüpunkts unter der Maus aus. Die eigentliche Reaktion erfolgt bei `mouseUp` im Koboldskript über die Utility-Routinen `MacButton` und `playMovieInFolder`.

```
on mouseDown
  MacButton("playSubMovie 1")
end
```

Koboldskript für einen Menüpunkt

53

❶ Im Filmskript werden zunächst globale Variablen für die Kanalnummern der Menüpunkte, für die Darstellernummern der Menütexte und andere mehrfach benötigte Werte definiert. Da sich deren Werte während des Programmablaufs nicht ändern, sind es eigentlich Konstanten. Ihre Verwendung ist weit weniger gefährlich (siehe Kap. 1.3) als die Benutzung echter globaler Variablen.

❷ In der startMovie-Prozedur werden die Variablen vorbelegt und die Lingo-gesteuerten Kanäle zu Puppen gemacht. Bei Änderungen der Kanalbelegung müssen Sie die Werte von gRedLine-Chn, gMenuChn1 und gMenuChnN entsprechend anpassen.

❸ Umschalten eines Menüpunktes bei Mausberührung. Die beiden Darsteller müssen im Cast hintereinander liegen.

❹ Aufruf eines Teilfilms des Projekts unter Nutzung der in Felddarstellern gespeicherten Ordner/Dateinamen.

❺ Das Frameskript enthält einen ersten Teil ❻ zum Austauschen der Menütexte bei Rollover sowie einen Teil ❼ für die Bewegung der roten Aktivierungslinie.

❶
```
global gMenuChn1, gMenuChnN
global gMenuMem1, gMenuMemN
global gMenuItems, gRedLineChn, gRedLDistV
```
❷
```
on startMovie
   set gRedLineChn =  3
   set gMenuChn1   = 12
   set gMenuChnN   = 19
   set gMenuMem1   = the number of member "M1"
   set gMenuMemN   = the number of member "Mn"
   set gMenuItems  = gMenuChnN - gMenuChn1 + 1
   set gRedLDistV  = 27
   repeat with d   = 0 to gMenuItems - 1
     puppetSprite gMenuChn1 + d,TRUE
   end repeat
   puppetSprite gRedLineChn, TRUE
end
```
❸
```
on checkRO c,m
   if rollover(c) then set the memberNum of sprite c to m+1
   else  set the memberNum of sprite c to m
end
```
❹
```
on playSubMovie movNum
   playMovieInFolder line movNum of field "TrgMovie", ¬
     line movNum of field "TrgPath"
end
```

```
on exitFrame
```
❺
```
   global gMenuChn1, gMenuChnN, gMenuMem1, gMenuMemN
   global gMenuItems, gRedLineChn, gRedLDistV
```
❻
```
   repeat with d = 0 to gMenuItems - 1
     checkRO gMenuChn1 + d, gMenuMem1 + 3*d
   end repeat
```
❼
```
   set ro = the rollover
   if ro >= gMenuChn1 and ro <= gMenuChnN then
     set the locV of sprite gRedLineChn = ¬
       the locV of sprite ro + gRedLDistV
   end if
   go to the frame
end
```

Einfache
Verzweigungen

5 Einfache Verzweigungen

5.1 Die Impressum-Seite

Als leichtester Zweig der Anwendung wird zunächst eine Impressum-Seite mit Logos und einer Zurück-Schaltfläche erstellt.

Hier ist hauptsächlich auf eine grafisch ansprechend gestaltetes Layout zu achten. Auf der Impressum-Seite können auch Logos von mitarbeitenden Firmen und verwendeten Produkten (allen voran das Macromedia-Logo) untergebracht werden. Abhängig davon, ob die Applikation extrem speichersparend (z.B. mit Shockwave für das Internet oder mit Director 5 für Diskette) entwickelt werden muß oder ob einige Kilobyte kein Thema sind, wird man die textlichen Impressum-Informationen entweder mit den spartanischen Felddarstellern oder mit den schöner aussehenden, aber speicherfressenden Textdarstellern realisieren.

Ein typisches Beispiel für eine Impressum-Seite finden Sie als »GImpres1.DIR« auf der CD.

Wenn Sie Textdarsteller in Director verwenden, um einen Textblock mit unterschiedlichen Schriften, Schriftgrößen und Zeilenabständen zu setzen, sollten Sie unbedingt, wie in der Beispielanwendung gezeigt, für jeden Block einen eigenen Darsteller benutzen. Durch einen lästigen Fehler im Director-eigenen Texteditor endet das Unterfangen ansonsten nämlich leicht in Wutausbrüchen. Teilweise erscheinen einmal vorhandene Textzeilen mehrfach auf dem Bildschirm, Texte überdecken sich und Änderungen der Zeilenabstände und Schriftgrößen zeigen unberechenbare Ergebnisse.

Fehler im
Director-Texteditor

Natürlich läßt sich eine Impressum-Seite durch eine kleine Animation wunderschön aufpeppen. Auch in Menüanwendungen sind diese Art von „eyecatchern" sehr beliebt.

Hierzu einige Anregungen:

• Animieren Sie ein Logo, indem Sie es einfach unterschiedlich in horizontaler oder vertikaler Richtung skalieren.

Echter wirkt das Ganze, wenn Sie das Logo nach einer „Halbdrehung" gegen ein spiegelverkehrtes, von hinten gesehenes Logo austauschen (Beispiel: »GImpres1.DIR«).

• Lassen Sie einen der W&P-Fische im Hintergrund vorbeischwimmen.

Die entsprechenden Bilder finden Sie als »Parts:WP_Fish0.pct« und »Parts:WP_Fish1.pct«. Stellen Sie die Tierchen bitte zunächst in einem Programm wie Photoshop vor der Hintergrundfarbe Ihrer Applikation frei oder wählen Sie einfach einen passenden roten Hintergrund.

• Lassen Sie die Namen aller an Ihrem Projekt beteiligten Personen als Banner durchlaufen.

Erzeugen Sie dazu einen Textdarsteller mit den gewünschten Namen. Verbreitern Sie den Darsteller im Texteditor (<Befehl>6) soweit wie nötig und plazieren Sie ihn im ersten Frame der Animation so, daß der ganze Text rechts aus dem Bildschirm herausgeschoben ist. Stellen Sie den Kobold nach einer größeren Anzahl von Frames (ca. 200–600) so ein, daß der Text links aus dem Bildschirm verschwunden ist. Soll das Banner einen kleineren Teil des Bildschirms einnehmen, decken Sie den Textdarsteller einfach mit zwei darüberliegenden Darstellern rechts und links ab. Bei einfachen Hintergründen gestaltet sich das problemlos, bei Bildhintergründen verwenden Sie am besten einen Ausschnitt des Hintergrundbildes, der vor dem Textdarsteller so plaziert wird, daß er wieder genau in das Hintergrundbild paßt. Dieses Vorgehen ist meist günstiger, als ein Loch in das Hintergrundbild zu schneiden und den Text dahinter vorbeiziehen zu lassen. Da ein durchlöcherter Darsteller nämlich mit dem Farbeffekt „Hintergrund-Transparent" oder „Matte" versehen werden muß, wird die Bildschirmanzeige etwa um den Faktor drei verlangsamt.

```
on exitFrame
  go to frame "Main"
end
```

bisheriges Skript (Rücksprung)

```
on exitFrame
  go to the frame
end
```

neues Skript (in einem Frame)

Wollen Sie einen dergestalt bewegten Darsteller oder ein rotierendes Firmenlogo in einer nur 1 Frame langen Schleife unterbringen, können Sie dazu auch eine Filmschleife verwenden (Lit. [1, Kap.7.2.8]). Damit sind auch Animationen machbar, bei denen z.B. ein umherfliegendes Objekt gleichzeitig rotiert oder ein Fisch natürliche Flossenbewegungen macht.

Vorschlag:

• Werben Sie in einem Bereich der Impressum-Seite für andere Produkte Ihrer Firma.

5.2 Eine Vorgabenseite erstellen

Fast in jeder Applikation ist es wünschenswert, verschiedene Voreinstellungen treffen zu können, die die Arbeit mit dem Programm an die Bedürfnisse des Benutzers anpassen.

Die getroffenen Einstellungen sollten eventuell auch für die nächste Benutzung des Produkts verfügbar bleiben, also auf der Festplatte gespeichert werden können.

Die hier gezeigte Vorgabenseite erläutert einfache Eingaben. Für komplexere Interaktionsformen wie Regler und sich wechselseitig auslösende Radio-Knöpfe müssen wir auf die Beispiele in der Literatur verweisen (Lit. [2, Kap. 5.8, Kap. 5.12]).

Als Einstellmöglichkeiten kommen z.B. in Frage:

• Lautstärke einstellen

• Interaktivität variieren

• Umschaltbare Interfaces

• Sprachumschaltungen

• Updatemodi für das Internet

• Einstellung der passenden Bildschirmauflösung/Farbtiefe

Einstellungen-Seite mit mehreren Einstellmöglichkeiten

Zunächst wird ein eigener Programmzweig für die Einstellungen vorgesehen. In diesem Fall soll kein einzelner Film verwendet werden, sondern der Programmzweig besteht lediglich aus einer „Endlosschleife" in einem Frame des Films „GMain". Erzeugen Sie auf einem Frame zwischen dem Vorspann und dem Abspann einen

Übung

```
on exitFrame
   go to the frame
end
```

Frameskript d. Vorgabeschirms

Marker „P" (Sie ziehen dazu in Director 5 das Keilsymbol nach rechts in die Markierungsleiste bzw. klicken in Director 6 in die weiße Markierungsleiste, die sich im Drehbuch über der Zellenanzeige befindet). Das Frame erhält über einen Doppelklick in den Skriptkanal das nebenstehende Skript oder das entsprechende Director-6-Verhalten **„Auf aktuellem Bild bleiben"**.

Natürlich muß zunächst eine Möglichkeit geschaffen werden, den neuen Zweig vom Hauptmenü aus zu erreichen und nach Beenden der Einstellungen wieder auf den Hauptbildschirm zurückzuspringen. Sie könnten hierzu in einer eigenen Anwendung eine neue Schaltfläche (Taste, Bitmap oder Textdarsteller) auf dem Hauptschirm anbringen, die zu den Einstellungen verzweigt. Das erforderliche Darsteller- oder Koboldskript ist nebenstehend abgebildet. In Director 6 könnten Sie natürlich ebenso verfahren, oder aber Sie machen sich bei dieser Gelegenheit die neu eingeführten Verhaltensweisen zunutze: Markieren Sie bei gedrückter Taste <Ctrl> die Schaltfläche mit einem Mausklick, wodurch das Kontextmenü aufgeblendet wird. Durch Auswahl der Option »Verhalten....« gelangen Sie zum Verhaltensinspector, dessen Dialogfenster aus den drei Bereichen Verhalten, Ereignisse und Aktionen besteht; dem ausgewählten Objekt eventuell bereits zugewiesene Elemente sehen Sie in den rollbaren Fenstern der Teilbereiche; neue Verhaltensweisen, Ereignisse und Aktionen können Sie im jeweiligen Segment mittels des »+«-Buttons konfigurieren. Kein Grund sich abschrecken zu lassen, wir gehen auf die Arbeit mit dem Verhaltensinspector später noch näher ein. Einfacher geht es zweifelsohne, indem Sie die Schaltfläche markieren, im Menü „Xtras" die „Verhaltensbibliothek" aufrufen, darin die Verhaltensweise `"Gehe zu Marker"` auswählen und auf den Kobold ziehen.

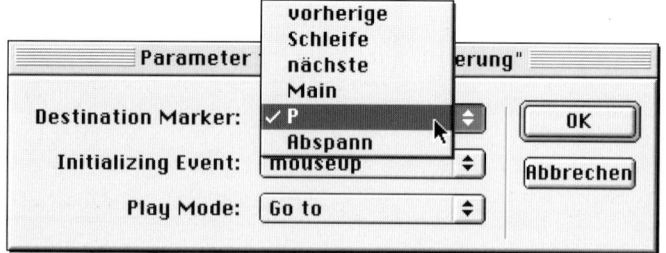

Aber Vorsicht, erzeugen Sie den Tastendarsteller nicht versehent-

60

lich in der Verhaltensbibliothek, sondern in der internen Besetzung Ihres Films! Sollte es doch passiert sein, übertragen Sie den Darsteller durch Ausschneiden (<Befehl>X) und Einsetzen (<Befehl>V) an den richtigen Platz.

Im Hauptmenü unserer Geologie-Beispielanwendung haben wir aus Gründen der Einheitlichkeit bereits eine Schaltfläche »Einstellungen« vorgesehen, die Sie für die Verzweigung zum neuen Vorgabe-Frame verwenden sollten. Analog zu den anderen Schaltflächen des Menüs ist in diesem Fall auch bereits ein Rollover-Verhalten und eine Hervorhebung bei Mausklick vorgesehen. Die Steuerung erfolgt über die Routine "MacButton" die in Lit. [2, Kap. 5.2] besprochen wird. Die Anwendung ist sehr leicht. Ändern Sie einfach das Koboldskript des Menüpunkts so ab, daß "MacButton" beim Loslassen der Maus einen Sprung zum Frame "P" ausführt. Beachten Sie bitte, daß im Skript nicht einfach

```
on mouseUp
  go to frame "P"
end
```

Skript auf einem Kobold im Hauptmenü

```
MacButton("go to frame "P"")
```

falsch !!!

geschrieben werden darf. Da das Doppelapostroph nämlich als Metazeichen einen String begrenzt, darf es darin nicht selbst vorkommen. Als Lösung bietet Lingo die Konstante QUOTE an, die anstelle des Apostrophs in einen String eingebaut werden kann. Eine andere Möglichkeit bestünde im Aufruf einer globalen Prozedur, die den eigentlichen Sprungbefehl enthält.

```
on mouseDown
  MacButton("go to frame" ¬
    & QUOTE & "P" & QUOTE)
end
```

Neues Skript für den Sprung zur Vorgabenseite

Eine Schaltfläche für „Zurück" wird entsprechend auf der Einstellungen-Seite untergebracht. Sie erhält das in der Randspalte abgebildete Darstellerskript, oder der Kobold wird wiederum mit der Verhaltensweise "Gehe zu Marker" versehen.

```
on mouseUp
  go to frame "Main"
end
```

Skript auf dem „Zurück"-Knopf

Sie können alternativ die etwas elegantere MacButton-Routine auch für den Rücksprung ins Hauptmenü nutzen. Das notwendige Skript sehen Sie in der Randspalte. Damit MacButton korrekt arbeiten kann, müssen Sie in der Besetzung unmittelbar hinter dem Darsteller der „Zurück"-Schaltfläche dessen „gedrückte" bzw. hervorgehobene Varianten unterbringen. Achtung: Die Varianten müssen genau die gleiche Fläche bedecken, sonst kann es zu einem heftigen „Türklingeleffekt" kommen (wiederholtes Ein-/Ausschalten des Buttons während er gedrückt wird).

```
on mouseDown
  MacButton("go to frame" ¬
    & QUOTE & "Main" & QUOTE)
end
```

Rücksprung über die MacButton-Hilfsroutine

Gestalten Sie nun die Einstellungen-Seite und bringen Sie entsprechende Eingabemöglichkeiten für die Voreinstellungen an.

Eingabefelder

Kopieren Sie zunächst den Hintergrund in Kanal 1 nach Frame "P". Erzeugen Sie dann mit Hilfe der Werkzeugpalette (<Befehl>7) auf der Bühne ein Textfeld für den Vornamen. Benutzen Sie Kanalnummern über 20, damit zunächst einmal kein Konflikt mit den Puppet-Steuerungen der Menüpunkte auftritt. (Wir werden später sehen, daß hier trotzdem einige Fallschlingen bereitliegen!)

Geben Sie in das Feld einen Probetext ein und aktivieren Sie ihn durch einen Doppelklick (Textfelder völlig ohne Text verlieren leicht ihre Schrifteigenschaften!). Beachten Sie bitte, daß Sie die Hintergrundfarbe eines Text- oder Textfelddarstellers nur ändern können, wenn mindestens ein Buchstabe ausgewählt ist oder der Textcursor in der Eingabe steht; eine einfache Aktivierung des Kobolds genügt hierfür also nicht.

Wählen Sie in der Werkzeugpalette eine dunkelgraue Hintergrundfarbe und weiß als Textfarbe. Stellen Sie über die Textpalette (<Befehl>T) die gewünschte Schriftart, ca. 13 pt Schriftgröße und den Stil „fett" ein.

Rufen sie nun bitte die Darstellereigenschaften für das Feld auf (<Befehl>I) und aktivieren Sie die Optionen „Bearbeitbar" und „Tab rückt in nächstes Feld vor". Wählen Sie aus dem PopUp-Menü im gleichen Dialog „Fest" statt „Anpassen".

Duplizieren Sie das Feld und erzeugen Sie so in der Besetzung mehrere Darsteller gleicher Eigenschaften. Geben Sie den Feldern die Darstellernamen „Vorname", „Name", „Strasse", „Staat", „PLZ" und „Ort". Falls Sie noch mit Director 5 arbeiten, müssen Sie nach Eingabe des Namens auf das Besetzungsfenster klicken, um die Eingabe zu bestätigen.

Plazieren Sie die neuen Darsteller richtig auf der Bühne und ordnen Sie diese entsprechend einem postalischen Anschriftenfeld an. Sie können die Breiten der Darsteller nach den jeweiligen Erfordernissen abändern und auch die Probetexte entsprechend den Feldbedeutungen anpassen. Für den Bindestrich, der zwischen der

Staatenbezeichnung und der Postleitzahl üblich ist, können Sie einfach ein weiteres Textfeld mit schwarzem Hintergrund verwenden.

Wenn Sie Ihre Applikation testen, sollten Sie in der Lage sein, per Programm in den Einstellungen-Zweig umzuschalten und von dort zurück ins Hauptmenü zu kommen. Allerdings werden Sie beim beschriebenen Vorgehen eine Erfahrung machen, die leider fast jedem Neueinsteiger in Director widerfährt: Aus zunächst unerfindlichen Gründen bleiben die Kobolde der Menüpunkte hinter den neuen Text-Eingabemasken sichtbar.

Ursache des Problems ist nicht etwa eine Fehlfunktion von Director, sondern allein die Tatsache, daß wir durch die Puppet-Befehle in der startMovie-Prozedur die Kontrolle über einige Kanäle in Lingo übernommen haben. Was auch immer im Drehbuch in diesen Kanälen steht, wird fortan ignoriert. Hätten wir die gleichen Kanäle für die Textfelder der Einstellungsseite und für die Menüpunkte benutzt, wären die Textfelder nicht einmal erschienen.

Es ist also notwendig, den Puppet-Zustand beim Wechsel vom Menü in einen anderen Programmzweig abzuschalten und entsprechend wieder einzuschalten, wenn in das Menü zurückgekehrt werden soll. Die Situation wird noch dadurch verkompliziert, daß die Puppet-Zustände nicht einfach irgendwann und irgendwo eingeschaltet werden dürfen. Während nämlich the puppet of sprite eingeschaltet wird, muß sichergestellt sein, daß sich auch wirklich die richtigen Darsteller im Kanal befinden (die zu diesem Zeitpunkt gültigen Eigenschaften wie Darstellernummer, Skalierung, Farbe etc. werden als Defaultwerte in Lingo übernommen).

Die korrekte Verwaltung der Puppet-Zustände der Kanäle ist ein Problem, das wohl für den größten Teil der in Director-Applikationen auftretenden Fehlfunktionen verantwortlich ist.

Wirklich große professionelle Applikationen verwalten die einzelnen Programmzweige (Branches) häufig als Objekte (zu objektorientierter Programmierung siehe Lit. [2, Kap. 6]). Diesen OOP Branch-Objekten werden Methoden für enterBranch und exitBranch zugewiesen, die jeweils benötigten Puppenkanäle werden dann in Property-Variablen abgelegt.

❶ Eine neue globale Variable dient der Verwaltung der Puppet-Zustände.

Da sich deren Werte während des Programmablaufs nicht ändern, sind es eigentlich Konstanten. Ihre Verwendung ist weit weniger gefährlich (siehe Kap. 1.3) als die Benutzung echter globaler Variablen.

❷ In der startMovie-Prozedur werden nur noch die globalen Konstanten definiert und der uninitialisierte Anfangszustand gemerkt ❸.

❹ Die neue Prozedur initMainLoop macht die Lingo-gesteuerten Kanäle zu Puppen.

❺ Das Frameskript prüft anhand einer Variablen ❻, ob erneut initialisiert werden muß.

```
...

❶  global gMainLoopInitialized

❷  on startMovie
      set gRedLineChn =  3
      set gMenuChn1    = 12
      set gMenuChnN    = 19
      set gMenuMem1    = the number of member "M1"
      set gMenuMemN    = the number of member "Mn"
      set gMenuItems   = gMenuChnN - gMenuChn1 + 1
      set gRedLDistV   = 27
❸     set gMainLoopInitialized = FALSE
    end

❹  on initMainLoop
      repeat with d   = 0 to gMenuItems - 1
        puppetSprite gMenuChn1 + d,TRUE
      end repeat
      puppetSprite gRedLineChn,   TRUE
      set gMainLoopInitialized = TRUE
    end
    ...

❺  on exitFrame
      global gMenuChn1, gMenuChnN
      global gMenuMem1, gMenuMemN
      global gMenuItems, gRedLineChn, gRedLDistV, ro
❻     global gMainLoopInitialized
      if not gMainLoopInitialized then initMainLoop
      -- Austauschen der Menütexte bei Rollover
      repeat with d = 0 to gMenuItems - 1
        checkRO gMenuChn1 + d, gMenuMem1 + 3*d
      end repeat
      -- Bewegen der roten Aktivierungslinie
      set ro = the rollover
      if ro >= gMenuChn1 and ro <= gMenuChnN then
        set the locV of sprite gRedLineChn = ¬
          the locV of sprite ro + gRedLDistV
      end if
      go to the frame
    end
```

Der Umfang dieses Buchs reicht nicht aus, um eine solche komplexe Verwaltungsstruktur allgemeinverständlich darstellen zu können. Wir wollen uns daher auf eine Lösung des aktuellen Problems beim Wechsel zwischen den Markern "Menu" und "P" beschränken.

An dieser Stelle wollen wir eine Lösung zeigen, die das Problem im konkreten Fall beseitigt.

Um die Umschaltung in den Puppet-Zustand bei jedem Rücksprung ins Hauptmenü wiederholen zu können, wird eine neue Routine mit der Bezeichnung initMainLoop❹ eingeführt. Kopieren Sie in diese Routine die repeat-Schleife aus der startMovie-Routine, die für die Einschaltung der Puppets verantwortlich ist.

Wichtig: Diese Routine darf nicht im Zurück-Button aufgerufen werden, da sich ja in diesem Frame keine Darsteller in den entsprechenden Kanälen befinden.

Die Flag-Methode

Ein Trick hilft hier weiter: Wir verwenden eine Variable (im Programmiererjargon ein „flag") mit der Bezeichnung gMainLoopInitialized, um die Notwendigkeit einer Reinitialisierung in der Hauptschleife selbst zu prüfen. Der Wert von gMainLoopInitialized wird in der startMovie-Prozedur zunächst mit FALSE vorbelegt. In der exitFrame-Routine❷ des Frameskripts wird nun in einer if-Anweisung die Initialisierung wenn notwendig durchgeführt (dort sind die entsprechenden Darsteller in den Kanälen vorhanden).

Flag-Methode

Die Änderungen sind im Skript blau markiert bzw. hier im Buch hell unterlegt.

Nun müssen natürlich noch alle im Menü gesetzten Puppet-Zustände bei jedem Aussprung aus dem Hauptmenü zurückgesetzt und gMainLoopInitialized wieder auf FALSE gesetzt werden, damit das Ganze funktioniert.

❶

```
on unInitMainLoop
  repeat with d   = 0 to ¬
    gMenuItems - 1
    puppetSprite gMenuChn1 ¬
      + d,FALSE
  end repeat
  puppetSprite gRedLineChn,¬
    FALSE
  set gMainLoopInitialized ¬
    = FALSE
end
```

Deinitialisierung

❷

```
on mouseDown
  unInitMainLoop
  MacButton("go to frame ¬
    "& QUOTE & "P" & QUOTE)
end
```

Aufruf beim Aussprung

Wir haben dafür die Prozedur `unInitMainLoop` vorgesehen (Randspalte ❶), die Sie leicht aus einer Kopie der `initMain-Loop` herstellen können und die beim Aussprung aus dem Menü aufgerufen werden muß ❷.

Die Zwei-Frame-Methode

Alternativ könnte man übrigens das Frame „Menu" auch duplizieren und die Initialisierung im `exitFrame` des ersten Frames des Pärchens durchführen. Der Marker liegt dann ebenfalls auf dem ersten Frame, die Schleifenprozedur jedoch auf dem zweiten. Ein Nachteil dieser Methode ist aber, daß man stets darauf achten muß, daß bei Verschiebungen auf dem Bildschirm alle Kobolde in beiden Frames an der gleichen Position bleiben.

Wie das Ganze aussehen könnte, sehen Sie in der Beispieldatei `Kap_05:GMainInp.DIR`. Sie können den Namen dieser Datei auch statt `Kap_03:GMain` in den `play movie`-Befehl des Films `GIntro.DIR` aufnehmen, um ihn in die Gesamtapplikation einzubinden.

Eine
Dia-Show

6 Eine Dia-Show

Viele Multimedia-Anwendungen aus so unterschiedlichen Bereichen wir Restaurantführer, Urlaubsprospekte, Lexika, technische
Dokumentationen und Produktkataloge lassen sich auf die Meta-
pher „Dia-Show" zurückführen. Dabei werden textliche, grafische
und ggf. auch akustische Informationen auf Einzelseiten dargestellt.

Eine Dia-Show gehört eigentlich zu den einfachsten Übungen für
einen Multimedia-Programmierer. Trotzdem will auch hier das Vorgehen genau geplant sein, gibt es doch sehr unterschiedliche Wege
zum Ziel. Abhängig von den konkreten Erfordernissen können sich
diese in Flexibilität und Aufwand deutlich unterscheiden.

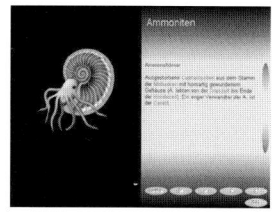

Im folgenden werden zwei Verfahren vorgestellt, die vielleicht die
Extreme in der Bandbreite der Möglichkeiten darstellen.

Die erste Realisierung baut vorwiegend auf die Möglichkeiten des
Director-Drehbuchs und wird gewöhnlich von Leuten bevorzugt,
die grafisch orientiert sind und sich vielleicht in der Programmierung noch nicht so sehr zu Hause fühlen. Sie kommt mit ver-
gleichsweise wenig Programmieraufwand aus und ermöglicht eine
weitgehend freie Gestaltung jedes einzelnen Screens. Die indivi-
duelle Gestaltbarkeit jeder Bildschirmseite wird allerdings mit
einem etwas höheren Aufwand erkauft, den zukünftige Änderungen der Seiten mit sich bringen.

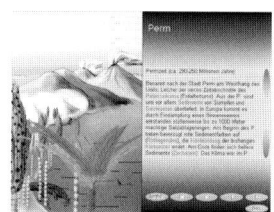

Geologische Anwendungen

Die zweite Methode wird gewöhnlich von sehr strukturiert den-
kenden Menschen bevorzugt, die nachts in repeat-Schleifen träu-
men. Diese Methode tut sich zwar schwerer mit Ausnahmen in der
Gestaltung einzelner Screens, ermöglicht aber viel leichter globale
Änderungen bis hin zum nachträglichen Hinzufügen von Dias ohne
jegliche Änderung an der Applikation.

Historische CD über eine
Synagoge

Die Dia-Show, die im folgenden stufenweise aufgebaut wird, soll
in der Endversion schon eine Menge können:

Eine typische Dia-Show stellt
entweder nur Bilder oder daneben zusätzlich Textinformation
dar.

• Bilder und/oder Text anzeigen und eine Blättermöglichkeit
  anbieten.

• Zu jedem Dia einen gesprochenen Text ablaufen lassen.

69

- Ohne Mausbewegung nach einstellbarer Zeit automatisch weiterschalten.

- Linear, zyklisch, rückwärts oder zufallsgesteuert ablaufen lassen.

- Eine Zoomfunktion anbieten, um die Bilder auch Bildschirm-füllend anzeigen zu können.

- Über eine Zahleneingabe soll ein Dia direkt angesteuert wer-den können.

- Überblendungen zwischen den Dias sollen die Sache abrunden.

- Einblenden von Erläuterungen zu Bildern oder Text.

Im letztgenannten Merkmal zeigen sich besonders die Unterschiede in den beiden Methoden: Die Drehbuch-Methode läßt dem Autor auch hier alle Freiheit bei der individuellen Gestaltung, eine Syste-matisierung der Hypertext-Verknüpfungen ist jedoch kaum mach-bar, während in der Programmier-Methode zwar Abstriche bei der Gestaltung zu machen sind, das Verknüpfen und Ändern einer großen Anzahl von Links aber problemlos zu realisieren ist.

6.1 Vorbereitungen

Beide geplanten Varianten haben einige Vorbereitungen gemein-sam. Zunächst müssen die Bedienungselemente festgelegt werden, die der Navigation in der Show dienen. Sie ähneln denen, die von jedem Kassettenrecorder bekannt sind:

- Erstes Dia   (firstDia)

- Vorheriges Dia   (prevDia)

- Nächstes Dia   (nextDia)

- Letztes Dia   (lastDia)

- Vergrößern/Verkleinern   (zoomIn/zoomOut)

- Zurück   (goEnd)

Für die Navigation sollte vorgesehen werden, daß die Bedienungselemente auf Mausklick eine unmittelbare visuelle und akustische Reaktion zeigen. Kann eine Aktion im Moment nicht durchgeführt werden, so sollte die entsprechende Schaltfläche sichtbar inaktiv sein oder aber zumindest eine akustische Warnung ausgeben. Wie generell jede laufende Aktivität in einer Multimedia-Anwendung sollte die Dia-Show ohne weiteres abzubrechen oder zu beenden sein.

Die Darsteller für die Bedienungselemente und andere für das Design entscheidende Elemente sollte man in einer separaten externen CastLib (im Beispiel »DSButton.CST«) ablegen, um sie bei Bedarf leicht gegen andere Varianten austauschen zu können. Noch wichtiger ist dieses Vorgehen natürlich bei den Text-, Bild- und Tondarstellern , die angezeigt bzw. abgespielt werden sollen. In den Besetzungen »DSText.CST«, »DSPict.CST« und »DSSound.CST« sind die Medienelemente übersichtlich entsprechend ihrer Reihenfolge in der Dia-Show angeordnet; gegenüber der Verwendung einer einzigen Besetzung besteht also der Vorteil, daß sich z.B. das Dia 20 auch wirklich an der zwanzigsten Stelle befindet und so direkt über seine Nummer ansprechbar ist. Die hier gezeigte Strukturierung gehört zur Methode des Aufbaus beider Varianten, unabhängig von der weiteren Vorgehensweise.

Noch kann die Show nicht losgehen. Was fehlt ist das Steuerprogramm, das sich allerdings zunächst auf einige winzige Routinen beschränkt.

6.2 Drehbuchorientierte Variante

Um das automatische Weiterspringen in das nächste Frame beim Filmablauf zu verhindern, brauchen wir den bereits früher immer wieder verwendeten Befehl **g o t o t h e F r a m e**, der in einem Skript aufgerufen wird. Das Skript muß jedem Frame zugewiesen werden, in dem ein Dia angezeigt wird.

Wie bereits erwähnt, erzeugen wir damit eine Schleife. Der Abspielkopf wird dadurch so lange im aktuellen Frame festgehalten, bis er mittels eines Lingo-Befehls zur nächsten definierten Ansprungmarkierung weitergeleitet wird. Wir legen das Skript als Drehbuchskript an und plazieren es im Skriptkanal in den Frames

Übung

```
on exitFrame
  go to the Frame
end
```

eins bis vier. Damit kann jedes unserer vier Dias gezielt angesprochen werden.

Bei Director 6 kann an dieser Stelle natürlich auch wieder das
Verhalten **„Auf aktuellem Bild bleiben"** statt des Drehbuchs-
kripts verwendet werden.

Als nächstes werden wir eine Steuerung aufbauen, die bei der
gesamten Dia-Show Regie führen soll. Damit unsere zentrale
Steuerung die Fäden in der Hand behält, ist es nützlich, einige
globale Variablen zu definieren.

Wir erzeugen ein neues Filmskript (<Befehl><Umschalt>U)
und definieren:

```
global gDias, gActDia
```

Diese werden in einer s t a r t M o v i e-Prozedur vorbelegt:

Der globalen Variable g D i a s wird der Wert 4 als Gesamtanzahl
der Dias zugewiesen, das aktuell angezeigte Dia wird auf den
Wert 1 gesetzt.

Nun benötigen Sie noch Prozeduren, um den Framewechsel zu
veranlassen, d.h. um die g o t o t h e F r a m e-Schleife zu unter-
brechen. Aus Gründen der Übersichtlichkeit ist es nützlich, sich
auch dafür globale Prozeduren im Filmskript anzulegen, die von
den Kobold- oder Darstellerskripten aus aufgerufen werden.

Die vorgeschlagenen Namen (f i r s t D i a, p r e v D i a, n e x t-
D i a, l a s t D i a, z o o m I n, z o o m O u t, g o E n d) wurden
bereits bei den Schaltflächen oben erwähnt.

In jeder der in der Randspalte abgebildeten vier Dia-Wechselpro-
zeduren wird das aktuelle Dia (gekennzeichnet durch die globale
Variable g A c t D i a) entsprechend auf den ersten bzw. nächst-
kleineren, nächstgrößeren oder letzten Wert geändert, dies
jedoch nur dann, wenn der erste bzw. letzte gültige Wert noch
nicht erreicht ist. Beim Anschlag wird einfach ein Systembeep oder
das Abspielen einer beliebigen Tondatei ausgelöst.

Die einfachste Möglichkeit, um eine optische Rückmeldug bei Mausklick zu erhalten, besteht darin, die in Director enthaltene Einstellungsmöglichkeit »Nach Klick hervorheben« zu nutzen. Wählen Sie dazu bitte den Darsteller oder den Kobold aus und rufen Sie mit <Befehl>I die Darstellerinformation auf.

Oftmals ist ein einfaches Invertieren, wie es durch diese Option erreicht wird, nicht die gewünschte Reaktion auf das Anklicken mit der Maus. Wünschenswert ist dagegen häufig der Austausch durch Bilder von „hineingedrückten" Schaltflächen. Hierfür sind die passenden Bilder in der Besetzung »DSButton.CST« jeweils direkt als nachfolgende Darsteller jeder Schaltfläche vorgesehen. Anwender von Director 6 können einfach das Verhalten „Bilddarsteller austauschen" auf den Kobold der entsprechenden Taste ziehen, um die automatische Umschaltung zu veranlassen. Wie dasselbe mit Director 5 und einem einfachen Utility (MacButton) leicht zu erreichen ist, erfahren Sie im Kapitel 4.2.

Die Dia-Show sollte mit diesen einfachen Prozeduren bereits ihre Grundfunktionalität erfüllen. Sie finden dieses Beispiel unter der Bezeichnung »DiaShow1.DIR« im Beispielordner.

Eine zentrale Wechselroutine

Aus strukturellen Gründen ist es wünschenswert, den Wechsel zwischen den Dias in einer zentralen Routine zusammenzuführen. Damit können auch die vier Wechselroutinen stark vereinfacht werden. Prinzipiell könnten diese sogar ganz entfallen, wenn der Aufruf von changeDia direkt aus den Kobold- oder Darstellerskripten heraus erfolgt.

Die Routine changeDia benötigt beim Aufruf die Information, um wie viele Dias weiter- oder zurückgeschaltet werden soll. Um gleich ans Ende der Show zu springen, wird sie einfach mit einer sehr hohen Zahl (1000) aufgerufen. So viele Dias brauchen Sie aber nicht einzubauen. Eine if-Anweisung in changeDia begrenzt das Sprungziel auf die (über gDias) definierte Anzahl tatsächlich genutzter Frames. Mit dem gleichen Trick (Aufruf von changeDia mit -1000) wird in firstDia an den Anfang der Show zurückgesprungen. Durch Vergleich der Variablen newDia mit gActDia stellt changeDia fest, ob tatsächlich ein

gDias, gActDia

```
global gDias, gActDia

on startMovie
  set gDias  = 4
  set gActDia = 1
end
```

```
on firstDia
  if gActDia > 1 then ¬
    set gActDia =  1
  else beep
  go to frame gActDia
end
```

```
on prevDia
  if gActDia > 1 then set ¬
  gActDia = gActDia - 1
  else beep
  go to frame gActDia
end
```

73

```
on nextDia
  if gActDia < gDias then ¬
    set gActDia = gActDia + 1
  else beep
  go to frame gActDia
end
on lastDia
  if gActDia < gDias then
    set gActDia = gDias
  else beep
  go to frame gActDia
end

on goEnd
  go to frame "Ende"
end

on changeDia d
  set newDia = gActDia + d
  if newDia < 1 then ¬
    set newDia = 1
  if newDia > gDias then
    set newDia = gDias
  if newDia <> gActDia then ¬
    set gActDia = newDia
  else beep
  go to frame gActDia
end
```

Vereinfachte Variante

```
on firstDia
  changeDia(- 1000)
end

on prevDia
  changeDia(-1)
end
on nextDia
  changeDia(+1)
end
```

Wechsel notwendig war oder ob bereits das richtige Dia aktuell war. Ein unnötiger Aufruf einer der Routinen wird mit einem Systembeep quittiert.

Die Änderungen sind auch im Hinblick auf die im nächsten Unterkapitel beschriebene Variante der Dia-Show nützlich. Dabei muß nämlich lediglich die Routine **changeDia** abgewandelt werden.

Unter der Bezeichnung »DiaShow2.DIR« finden Sie die **changeDia**-Version in Ihrem Beispielordner.

Die Idee, jeweils ein Frame zur Anzeige eines Screens zu nutzen, ist eigentlich sehr naheliegend. Dies entspricht exakt dem Vorgehen bei Animationen und ist wohl auch die Methode, die den Director-Entwicklern bei Erfindung des Drehbuchfensters vorgeschwebt hatte.

Vorteile: Sie können jeden einzelnen Screen völlig frei gestalten und z.B mit Pfeilen, Linien und Texten beliebige Hinweise und Beschriftungen auf den Dias anbringen. Es tritt ein verhältnismäßig geringer Programmieraufwand auf.

Nachteile: Gestalterische Änderungen müssen jeweils in allen Frames ausgeführt werden und machen daher häufig viel Arbeit. Kommen zusätzliche Screens hinzu, so muß das Drehbuch entsprechend erweitert und das Programm abgewandelt werden.

Versuchen Sie jetzt das Beispiel für Ihre eigenen Bedürfnisse abzuwandeln.

Setzen Sie zunächst Ihre eigenen Bilder und Texte über die Zwischenablage oder durch Importieren von Dateien in die entsprechenden Besetzungsdateien ein. Um die Darsteller in das Drehbuch zu übertragen, aktivieren Sie diese bitte in der Bilder- bzw. Textbesetzung, und wenden Sie den Befehl »Modifizieren:Darsteller in Kanal« an. Am günstigsten für eine saubere Anordnung ist es natürlich, wenn alle Bilddarsteller und alle Textdarsteller untereinander die genau gleiche Größe haben, dies ist jedoch keine absolute Voraussetzung.

Nun werden nacheinander Kobolde aller Navigationselemente auf die Bühne gebracht und wie gewünscht angeordnet. Mit Director 5 geht das am besten, wenn Sie jeden zunächst nur in einem einzigen Frame anordnen und die Kobolde erst am Schluß gemeinsam über alle Frames der Dia-Show verlängern (sonst dürfen Sie nicht vergessen, alle Zellen auszuwählen).

In Director 6 können Sie die Kobolde auch gleich auf die gewünschte Länge bringen. Allerdings müssen Sie beim Verschieben mit der Maus darauf achten, daß Sie den Kobold irgendwo auf seiner Fläche erwischen, keinesfalls aber auf den runden Referenzpunkten der Pfadenden (ansonsten bewegt sich die Schaltfläche später über den Schirm). In beiden Versionen tun die Cursortasten und die über »Modifizieren:Ausrichten...« einblendbare Palette gute Dienste bei der sauberen Positionierung.

Wie geschieht nun der eigentliche Wechsel zwischen den Frames? Ganz einfach, die bereits oben angesprochene Routine `chan-geDia` enthält neben den Kontrollen auf den zulässigen Bereich am Ende den Befehl `go to frame gActDia` und sorgt so für die sofortige Umschaltung.

Achtung! Versuchen Sie nicht, in dieser Beispielapplikation einen Übergangseffekt im Übergangskanal anzuwenden. Durch das `go to the frame`-Verhalten, sei es direkt programmiert oder aus der Verhaltensbibliothek entliehen, wird der Abspielkopf mit der eingestellten Bildwiederholrate immer wieder in das aktuelle Dia zurückgeführt. Wenn sich darin ein Übergang befindet, tritt jedesmal eine in vielen Fällen nicht einmal sichtbare Überblendung auf, die ja unter Umständen eine Menge Zeit benötigt. Die Folge ist ein ungeheuer träges Verhalten des Programms bei immer wieder verschwindendem Cursor. Wollen Sie unbedingt einen Übergang verwenden, müssen Sie mit zwei Frames arbeiten, eines, das durch den Wechsel angesprungen wird und die Überblendung enthält und direkt dahinter ein zweites, das das `go to the frame`-Verhalten trägt. Eine alternative Möglichkeit besteht auch in der Anwendung des `puppetTransition`-Befehls.

```
on lastDia
  changeDia(+ 1000)
end
on goEnd
  go to frame "Ende"
end
```

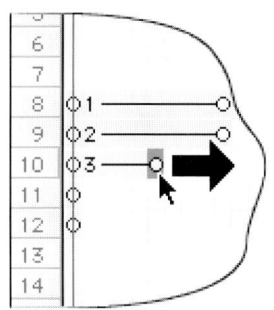

Erweitern der positionierten Navigationselemente über alle Dia-Frames in Director 5 (<Befehl>B)

In Director 6 erweitern Sie die Navigationselemente durch Ziehen bei gedrückter Taste <Wahl> <alt>

```
on changeDia d
  ...
  go to frame gActDia
end
```

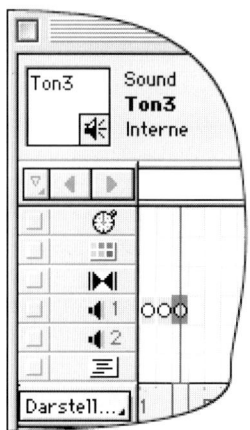

Tondarsteller werden in den Tonkanal 1 gezogen.

Zumindest die Grundfunktion der Dia-Show ist damit bereits erreicht. Zum Abspielen gesprochener Bildkommentare werden die entsprechenden Tondarsteller einfach in den Tonkanal gezogen.

Achtung! Nach dem Import in die Besetzung haben Tondarsteller zunächst die Einstellung „Loop" und werden endlos wiederholt abgespielt. Dies ist i. allg. nur bei Musik sinnvoll. Rufen Sie also durch <Befehl>I die Information über solche Darsteller auf, und schalten Sie die Loop-Funktion aus.

6.3 Skriptorientierte Variante

Richtige „Hardliner"-Programmierer nutzen für eine Dia-Show (und erst recht für komplexere Anwendungen) meist nur wenige Frames, oft überhaupt nur noch ein einziges.

Vorteile: Bei Änderungen und sogar bei Erweiterungen durch zusätzliche Diaseiten sind keinerlei Programmänderungen und auch keine Eingriffe im Drehbuch notwendig. Alles was zu tun bleibt, ist der Austausch der kompletten Besetzungsdateien durch neue, die die geänderten Medienelemente enthalten. Die Automatisierung kann sogar so weit gehen, daß die Medienelemente erst zur Laufzeit in einem Verzeichnis gesucht und gemeinsam präsentiert werden.

Nachteile: Das Design der Diaseiten muß einem einigermaßen starren Raster folgen. Jede einmal auftretende Ausnahme (z.B. ein Hinweispfeil auf einem von vielen Dias) muß im Programm berücksichtigt und verwaltet werden. Oft kann jedoch genügend Flexibilität erreicht werden, indem man solche Variationen mit in die Bildmedien aufnimmt.

Das Weiterschalten geschieht hier nicht durch Wechseln zwischen Frames, sondern durch Austausch der angezeigten Darsteller über die Eigenschaft `the member of sprite` oder `the memberNum of sprite`. Diese Methode ist dem Einkopieren neuen Textes in einen gerade angezeigten Textdarsteller vorzuziehen, da so die Formatierung (Farbe, Fettauszeichnung etc.) von Texten in Felddarstellern erhalten bleibt und die Sache nicht nur für Felddarsteller, sondern auch für Textdarsteller funktioniert.

Achtung! Textdarstellern kann zwar in der Autorenumgebung neuer Text zugewiesen werden, nicht aber in Projektoren! Wird diese Option verwendet, so kann es nach Fertigstellung des Projekts und Erstellung eines Projektors zu unliebsamen Überraschungen kommen. Dagegen hilft nur frühzeitig in Projektoren zu testen!

Text- oder Felddarsteller?

Für den Austausch von Texten und Bildern etc. kommen prinzipiell noch andere Verfahren in Frage, etwa das Überschreiben eines als Kobold angezeigten Darstellers in der Besetzung durch **duplicate member** oder durch den (leider nicht für Texte brauchbaren) Befehl **importFileInto**. Da all diese Varianten deutlich (oft um Größenordnungen) langsamer sind als der Austausch des in einem Kobold angezeigten Darstellers, sind sie i. allg. nicht zu empfehlen. In einigen Situationen ist deren Einsatz aber doch angezeigt; einen dieser Fälle werden wir im Kapitel 11 noch ansprechen. Auch beim Zugriff auf einen Darsteller über seinen Namen ist bei größeren Mengen von Darstellern in einer Besetzung mit merklichen Verzögerungen zu rechnen. Der Zugriff über die Darstellernummer ist wesentlich schneller. Trotzdem kann es auch hier Gründe geben, Zugriffe über Namen einzusetzen (Übersichtlichkeit, Einfachheit der Verwaltung, Sicherheit gegen Verschieben der Darsteller in den Besetzungen etc.).

Darsteller duplizieren?

Darsteller Importieren?

Beim Umschalten zwischen verschiedenen Dias tritt wieder die Routine **changeDia** in Aktion. Sie muß aber nun, wie oben erwähnt, einen etwas anderen Aufbau haben, als bei der Programmversion mit mehreren Frames:

```
on changeDia d
  set newDia = gActDia + d
  if newDia < 1 then set newDia = 1
  if newDia > gDias then set newDia = gDias
  if newDia <> gActDia then set gActDia = newDia
  else beep
  set the member of sprite gPictChn = member gActDia of castLib "DSPict"
  set the member of sprite gTextChn = member gActDia of castLib "DSText"
  puppetSound member gActDia of castLib "DSSound"
end
```

Die **changeDia**-Routine für eine skriptorientierte Dia-Show

Der frühere `go to frame`-Befehl am Ende der Routine, der den eigentlichen Wechsel auslöste, muß nun durch Aktionen ersetzt werden, die die Funktion des Drehbuchs übernehmen.

Zunächst wird die Umschaltung der Darsteller für Text und Bild veranlaßt, die in den Kanälen (Kobolden) angezeigt werden.

An dieser Stelle ist es sinnvoll, globale Variablen für die Kanalnummern einzuführen. Statt die Kanalnummern direkt zu verwenden, ist es nämlich immer anzuraten, Variablen für diesen Zweck einzusetzen (eigentlich werden sie hier als Konstanten verwendet). Sollte sich einmal die Notwendigkeit ergeben, die Kanalbelegung zu ändern (weil Sie beispielsweise Platz für ein dahinterliegendes Bild schaffen müssen), so muß nur an einer Stelle eine Änderung gemacht werden, nicht an jeder Stelle, an der die Kanalnummer im Programm vorkommt.

Das Umschalten des Darstellers in einem Kanal kann durch den Befehl `set the member of sprite` erfolgen. Als nächstes muß die Funktion des Tonkanals simuliert werden, der bisher für das Abspielen des Sounds zu einem Dia verantwortlich war. Dies geschieht über den Befehl `puppetSound`. Bei beiden Aktionen kommen die Bezeichnungen der entsprechenden Besetzungsdateien (`castLib`s) ins Spiel, aus denen die Darsteller (`member`s) genommen werden sollen.

In unserer neuen `startMovie`-Prozedur werden die Variablen zunächst vorbelegt, dann werden die beiden Kanäle über `puppetSprite`-Befehle in „Marionetten" verwandelt, die permanent über Lingo steuerbar sind. Die Prozedur `firstDia` wird an dieser Stelle aufgerufen, damit nach dem Start sofort der Sound des ersten Dias abgespielt wird.

Die Anwendung verhält sich nun exakt wie die »DiaShow2« im vorigen Abschnitt, sie kann aber bei Erweiterungen wesentlich leichter angepaßt werden.

Im nächsten Kapitel werden wir ein Modul kennenlernen, das ähnlich wie die Dia-Show funktioniert, aber weitergehende Navigationsmöglichkeiten für die Präsentation ganzer Dokumente bietet.

```
global gDias, gActDia, ¬
  gTextChn, gPictChn


on startMovie
  set gDias   = 4
  set gActDia = 1
  set gTextChn = 1
  set gPictChn = 2
  puppetSprite gTextChn,TRUE
  puppetSprite gPictChn,TRUE
  firstDia
end
```

Ein
Dokumenten-
Darstellungssystem

7 Ein Dokumenten-Darstellungssystem

Eigentlich ist es keine typische Aufgabe für eine Multimedia-Anwendung, größere Textmengen auf dem Bildschirm bereitzu-stellen. Dagegen spricht vor allem die gegenüber der gedruckten Form viel schlechtere Lesbarkeit und die Notwendigkeit eines Abspielgeräts.

Auf einer Standard-Multimedia-Bildschirmseite können mit 640 x 480 Bildpunkten gerade einmal ca. 5–10% der Information einer gedruckten Seite untergebracht werden. Vor allem die mit 72 dpi sehr viel niedrigere Auflösung am Bildschirm gegenüber den 300–1200 dpi und mehr bei Printprodukten trägt hierzu bei.

Textorientierte Dokumente in Multimedia-Anwendungen

Trotzdem gibt es auch viele gute Gründe, Information direkt vom Bildschirm abzurufen und höchstens bei Bedarf auszudrucken.

Die wichtigsten Argumente für die Nutzung von Multimedia-Anwendungen zu solchen Zwecken sind:

- **Recherchemöglichkeiten** durch komplexe Suchfunktionen können den Zugriff auf die Information erleichtern.

- **Verknüpfungsmöglichkeiten** zwischen einzelnen Textpassagen können einen assoziativen Zugriff ermöglichen (**Hypertext**).

- **Kombination mit Film- und Tonmedien** sowie interaktiven Simulationen kommen als qualitative Erweiterung zu den für Printmedien typischen Bildern hinzu.

- **Aktualisierungsmöglichkeiten**, z.B. mittels Diskette oder Internet, können die Information uo-to-date halten. Insbesondere bei Texten treten hierbei nicht einmal große Datenmengen auf.

- Die **Weiterverwendung** von Textpassagen kann durch den Einbau von Möglichkeiten zum Kopieren/Einsetzen unterstützt werden.

```
Kapitel 1
    Bild B1
Kapitel 2
    Kapitel 2.1
        Bild B1
        Bild B2
        Kapitel 2.1.1
        Bild B1
        Kapitel 2.1.2
            Bild B1
            Bild B2
            Bild B3
    Kapitel 2.2
    Kapitel 2.3
Kapitel 3
    Kapitel 3.1
    Kapitel 3.2
Kapitel 4
```

Mögliche Struktur eines hierarchisch gegliederten Dokuments

Nun soll, aufbauend auf den im vorherigen Kapitel erarbeiteten Kenntnissen, unsere Dia-Show zu einem ganzen Dokumenten-Darstellungssystem ausgebaut werden.

In diesem Kapitel werden wir zunächst die Grundlage für ein flexibles Text-Darstellungssystem schaffen. In den nächsten Kapiteln wird dieses Modul dann schrittweise noch um weitere nützliche Eigenschaften (Zufallsauswahl, automatisches Blättern, Hypertext etc.) erweitert werden.

Wir orientieren uns am Aufbau hierarchisch strukturierter Texte nach dem Dezimalnumerierungssystem. Fast alle strukturierten Texte sind wie nebenstehend gezeigt mehrstufig unterteilt oder zumindest in Strukturen aufteilbar, die dieser Gliederung entsprechen.

Wenn man sich den Aufbau eines Dokuments, z.B. dieses Übungsbuchs, anschaut, wird man bemerken, daß ihm eine baumartige Struktur zugrunde liegt. Das Dokument gliedert sich in einzelne Kapitel, jedes dieser Kapitel in Unterkapitel und ggf. weiter in Unter-Unterkapitel. Jedem Kapitel bzw. Unterkapitel ist eine der Hierarchie entsprechende Überschrift vorangestellt. Dabei wird die Kapitelnumerierung gewöhnlich durch ein Tabulatorzeichen oder durch ein oder mehrere Leerzeichen von der eigentlichen textlichen Kapitelüberschrift getrennt. Zu jedem der untersten zusammenhängenden Textbereiche können zudem Bilder oder andere als Bilder darstellbare Informationen (z.B. Tabellen oder Grafiken) gehören. Diese Zusatzinformationen gehören bei längeren, nicht weiter untergliederten Textpassagen normalerweise logisch zu einem ganz bestimmten Zeilenbereich im Text.

7.1 Layout

Beim Lesen eines Dokuments auf dem Bildschirm sollten logisch zusammenhängende Einheiten auch in einem Stück sichtbar sein. Aus diesem Grund wird für die Darstellung eines Kapitels der untersten Ebene ein auf dem Schirm rollbarer Bereich vorgesehen. Als nächstes folgt sich die Forderung, daß die Überschriften und Unterüberschriften der darüberliegenden Ebenen gleichzeitig mit dem Text sichtbar sein sollten. Sie dürfen also beim Lesen des Textes nicht mit wegrollen. Daraus ergibt sich deren Darstellung in einem eigenen Textfeld. Da Bilder meist in logischem Zusammenhang mit bestimmten Textpassagen stehen, müssen sie beim Lesen des Textes entsprechend dem Rollzustand des Textbereichs wechseln.

Wir wählen also ein Layout wie hier abgebildet:

Festes Logo, dokumentabhängiges Logo und nicht wegrollende Überschriften

Bilder- und Textbereich

Buchauswahl- und Navigationsschaltflächen

Layout des Dokumenten-Darstellungssystems

7.2 Datenstrukturen

Nun müssen natürlich zunächst die Datenstrukturen festgelegt werden. Um das Auftreten großer Datenmengen zu vermeiden, kommen Textfelder anstelle von Textdarstellern zum Einsatz. Diese Entscheidung hat noch einen anderen Hintergrund: Da es nur bei Textfeldern problemlos möglich ist, das Wort unter dem Mauszeiger zu ermitteln, ist es später viel leichter, das Darstellungsmodul um ein Hypertextsystem zu erweitern.

Felder oder Texte ?

Komponenten und deren Benennung

Das Modul arbeitet mit einem Paar externer Besetzungsdateien pro darzustellendem Dokument. Als Director-interne Namen der Besetzungen werden „Document" und „Pictures" verwendet. Die Dateinamen dieser Besetzungen leiten sich jeweils vom Namen des darzustellenden Dokuments ab (im Beispiel »Buch1« und »Buch2«

externe Besetzungen

Dateinamen

Ein Logo zeigt das gerade
gewählte Dokument an

etc.). Sie dürfen eine Maximallänge von acht Zeichen nicht überschreiten (DOS und Windows). Sie werden jeweils als »*name*D.CST« bzw. »*name*P.CST« (im Beispiel etwa als »Buch1D.CST« und »Buch1P.CST« bezeichnet). In der Besetzungsdatei mit dem Endbuchstaben „D" im Namen ist der eigentliche Dokumententext gespeichert, in ihrer Schwesterdatei mit dem Endbuchstaben „P" befindet sich die Information über die Zuordnung der Bilder zu den einzelnen Kapiteln und Zeilenbereichen, ein dokumentenspezifisches Logo und die anzeigbaren Bilder.

Zugriffsmethoden

Namen oder Nummern?

Für den Zugriff auf die richtigen Text- und Bildkomponenten beim Blättern durch ein Dokument existieren eine Menge Möglichkeiten, die sich in der Zugriffsgeschwindigkeit auf größere Datenmengen, im Aufwand bei der Erstellung und in der Übersichtlichkeit bei der Wartung deutlich unterscheiden. Insbesondere kann die Reihenfolge und die Zusammengehörigkeit der Text- und Bildelemente durch Listen oder durch eine Namenskonvention für die Darsteller sichergestellt werden. Auch Mischlösungen beider Verfahren kommen in Frage.

Hier soll eine möglichst übersichtliche Variante vorgestellt werden. Bei größeren Datenmengen kann es sinnvoll sein, die hier gezeigten Methoden aus Geschwindigkeitsgründen durch listenbasierte Systeme zu ergänzen.

Namenskonvention und Numerierung

Es wird eine Namenskonvention eingeführt, die an die für Dokumente übliche Dezimalstrukturierung der Kapitel und Unterkapitel anknüpft. Zugehörige Medienelemente wie im Beispiel Bilder und ggf. auch Sounddarsteller werden nur im Bereich eines Unterkapitels fortlaufend numeriert, so daß Änderungen bei Ergänzungen nur lokal nötig sind und sich nicht durch das ganze Dokument ziehen. Eine einfache Durchnumerierung von Textelementen, wie sie z. B. bei den einzelnen Datensätzen eines Lexikons vorkommt, ist nur ein Spezialfall der Dezimalstrukturierung.

Jeder Darsteller trägt einen Namen, der sich wie folgt zusammensetzt:

Darstellerart	Name eines Darstellers
Textdarsteller	wie Kapitelnumerierung (z.B. "1.2.3")
Bilddarsteller	1.2.3_B1
Tondarsteller	1.2.3_S1

7.3 Übernahme neuer Dokumente

Zur Aufnahme eines neuen Dokuments in das System wird zunächst die »Buch1D.CST«-Besetzungsdatei geöffnet. Duplizieren Sie jetzt einen der vorhandenen Felddarsteller so häufig, daß für jedes Kapitel bzw. Unterkapitel ein Darsteller vorbereitet ist.

Texte übernehmen

Die Übernahme der zu präsentierenden Daten aus einem Textverarbeitungsprogramm erfolgt, indem jeweils ein Unterkapitel mit seiner Überschrift in einen Textfelddarsteller kopiert wird. Ausgehend von Word werden (bei Versionen >5.1) dabei sogar die besonderen Formatierungen von Zwischenüberschriften etc. übernommen. Wir werden allerdings später sehen, daß dies nicht ganz unproblematisch ist. Die Überschriftszeilen müssen mit der Dezimalklassifikation beginnen und nach einem Tabulator oder Leerzeichen den eigentlichen Kapiteltitel enthalten. Soll der Text im rollenden Bereich ganz oben dargestellt werden, dürfen nach den Überschriften keine Leerzeilen folgen; wie bei ordentlicher Formatierung eines Dokuments üblich, sollte sich der Text direkt an die Überschriftzeile anschließen (Abstände der Überschriften vom Text werden korrekterweise über Stilvorlagen der Überschriften festgelegt).

Achtung! Verstellen Sie bitte noch nicht die Breite der Textdarsteller, ansonsten paßt dieser später nicht mehr in das vorgesehene Layout. Was Sie machen können, wenn das Malheur doch passiert ist oder wenn Sie das Layout überhaupt verändern wollen, erfahren Sie am Ende dieses Kapitels.

Duplizieren eines Felddarstellers pro Unterkapitel

Zeichenformate

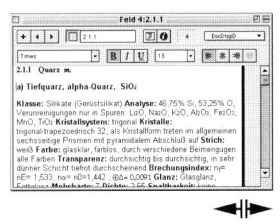

Textfelder bitte nicht in der Breite verändern!

Sind alle Unterkapiteltexte eingefügt, müssen die Darsteller noch die korrekte Kapitelnummern-Bezeichnung als Darstellernamen erhalten. Die Benennung der Darsteller kann manuell erfolgen. Zur Erleichterung dieser Tätigkeit können Sie aber auch die praktische Hilfsprozedur ❼ `genChapterNames` einsetzen (s.nächste Seite), die jeweils das erste Wort der ersten Zeile des Inhaltstextes (das die Kapitelnumerierung darstellen muß) automatisch als Darstellernamen übernimmt.

`genChapterNames`

Bilder übernehmen

Die Bilder werden ab der dritten Darstellerposition ebenfalls in die Besetzungsdatei »Buch1P.CST« kopiert und erhalten manuell einen Darstellernamen anhand ihres Kapitels und einer ihres Typs (im Falle von Bildern „B") entsprechenden fortlaufenden Numerierung (Beispiel: „2.1.1_B1".

Der Bilddarsteller an Position 2 der Besetzung enthält das oben erwähnte Logo, das immer mit dem Dokument zusammen angezeigt wird (bei Berichten einer Firma z.B. das Firmenlogo, bei Büchern vielleicht das verkleinerte Titelblatt).

Ein Logo für das Dokument

Zuordnung der Bilder zu bestimmten Textbereichen

Wie kann nun festgelegt werden, zu welcher Textpassage eines rollbaren Textes ein bestimmtes Bild eingeblendet oder eine bestimmte Tondatei abgespielt werden soll? Eine einfache Lösung besteht darin, jeden Textdarsteller, der ein Unterkapitel repräsentiert, in eine Liste einzutragen, die die notwendige Steuerinformation enthält.

```
1
2
2.1
2.1.1,B1:1-100
2.2,B1:1-20 ,B2:30-40
2.3,B1:1-30
```

Der erste Darsteller der jeweiligen Besetzungsdatei »*name*P.CST« erfüllt genau diese Sonderfunktion. Der Felddarsteller enthält die Liste für die Bildzuordnung zu den Kapiteln und den einzelnen Zeilenbereichen . Sie hat den nebenstehenden Aufbau.

Der Darsteller 1 in der Bilder-Besetzung stellt die Verknüpfung zwischen Bildern und bestimmten Textpassagen her.

Für jeden Darsteller in der Dokument-Besetzung (»*name*D.CST«) existiert genau eine Zeile, die mit der Kapitelnumerierung beginnt. Durch Kommata getrennt stehen ein oder mehrere Positionierungsanweisungen für Bilder, falls Bilder für das Unterkapitel vorhanden sind. Bei Kapiteln ohne Bilder bleibt die restliche

❶
```
global gBookDisplay, gBookName, gActDocLib, gActPictLib, ¬
       gActRecord,  gActChapter, gTxtChn, ¬
       gMaxRecord, gMaxChapter
```

❷
```
on startMovie
  initDocDisplay
end
```

❸
```
on initDocDisplay
  set gTxtChn    = 1
  set gActDocLib  = 2    -- CastLib-Nummer für das Dokument
  set gActPictLib = 3    -- CastLib-Nummer für Bilder
  set gPicChn    = 6
  set gDispPicts = []
  set gLastChange = the ticks
```
❹
```
  if voidP(gBookDisplay) then
    set gBookDisplay = "DocDisp,1"
  end if
  set the itemDelimiter = ","
  set gBookName    = item 1 of gBookDisplay
  set targetChapter = item 2 of gBookDisplay
```
❺
```
  initNewDoc
  -- puppetSprite gTxtChn, TRUE
```
❻
```
  puppetSprite gPicChn, TRUE
  end
```

❼
```
-- Hilfsroutine
on genChapterNames
  global gActDocLib, gMaxRecord
  initDocDisplay
  repeat with i = 1 to gMaxRecord
    set nam = word 1 of field i of castlib "Document"
    set the name of member i of castLib "Document" = nam
  end repeat
end
```

❶ Die globalen Variablen, die hier deklariert werden, gelten für alle Prozeduren dieses Skripts.

❷ Beim späteren Starten des Films muß eine Initialisierung erfolgen

❸ Die Initialisierungsprozedur setzt die benötigten Variablen auf die Ausgangswerte und schaltet die Lingo-gesteuerten Kanäle in den Puppet-Zustand.

❹ Falls der Buchname nicht über eine globale Variable (bei Aufruf durch einen externen Film) festgelegt ist, wird er auf seinen Default-Wert gesetzt.

❺ In der Prozedur init Doc sind diejenigen Initialisierungen zusammengefaßt, die später beim Wechseln eines Dokuments erneuert werden müssen.

❻ Kanal aus Lingo steuern

❼ Nach der Initialisierung der Variablen werden von gen- ChapterNames alle Felddarsteller der Besetzung in einer Programmschleife entsprechend der in der ersten Zeile stehenden Kapitelnummer benannt.

Bilddarstellung

Zeile leer. Jede Bildpositionierung besteht aus der Bildbezeichnung ("B"+*Bildnummer im Kapitel*), der durch einen Doppelpunkt getrennt eine Angabe der Zeilen folgt, zu denen das Bild angezeigt werden soll. Die Zeilenangabe geschieht in der Syntax *ErsteZeile* + "-" + *Letzte Zeile,* wie aus dem Beispiel zu ersehen ist.

Es sind mehrere Varianten für die Interpretation einer solchen Liste denkbar. Naheliegend ist es z. B., die Zahlen mit den möglichen Rollzuständen des Textfeldes zu assoziieren und das dazugehörende Bild genau dann einzublenden, wenn der Textdarsteller die entsprechende Anzahl an Zeilen weit gerollt ist. Doch was passiert, wenn sich die Zugehörigkeitsbereiche der Bilder überlappen? Sie sollten hier selbst mit verschiedenen Lösungen experimentieren. Entweder wird im Layout die gleichzeitige Einblendung mehrerer kleinerer Bilder vorgesehen, oder die zu einem bestimmten Rollzustand gehörenden Bilder wechseln einander regelmäßig ab. Diese zweite Lösung haben wir in der Beispielanwendung gewählt.

genPicLink

Da die Erstellung der Liste für Darsteller 1 bei größeren Dokumenten recht mühsam sein kann, steht Ihnen die Hilfsfunktion ❶ `genPicLink()` zur Verfügung, die diese Arbeit wesentlich erleichtert. Ganz vollautomatisch geht es aber nicht. Da im System keine Information darüber existiert, zu welchen Textpassagen eines Unterkapitels ein Bild gehören soll, kann sie lediglich für alle Bilder den ganzen Textbereich vorsehen. Das ist vielleicht in vielen Fällen akzeptabel (insbesondere, wenn ohnehin nur ein Bild für das entsprechende Unterkapitel existiert). In den anderen Fällen bedarf es aber einer kleinen manuellen Nachbesserung der Liste.

Wenn die Funktion die erzeugte Liste gleich in den Darsteller an Position 1 der Bildbesetzung einfügen würde, könnte es allzu leicht passieren, daß Ihre Änderungen dort überschrieben werden. Sie müssen deshalb zur Anwendung der Funktion folgende Zeile in das Nachrichtenfenster eingeben:

```
put genPicLink() into field 1 of castLib "Pictures"
```

❶

```
on genPicLink
  global gActDocLib, gMaxRecord
  initDocDisplay
  set txt = EMPTY
  repeat with i = 1 to gMaxRecord
    set docTxt = the text of member i of castlib "Document"
    set cNam = word 1 of docTxt
    set linNum = the number of lines of docTxt
    put cNam after txt
    set pNum = countChapterPict(cNam)
    repeat with p = 1 to pNum
      put ",B" & string(p) & ":1-" & string(linNum) after txt
    end repeat
    if i < gMaxRecord then put RETURN after txt
  end repeat
  return txt
end
```

❷

```
on countChapterPict cNum
  set maxPicture = the number of members of castLib "Pictures"
  set the itemDelimiter = "_"
  set pCount = 0
  repeat with i = 1 to maxPicture
    if item 1 of the name of member i of castLib ¬
      "Pictures" = cNum then
      set pCount = pCount + 1
    end if
  end repeat
  set the itemDelimiter = ","
  return pCount
end
```

❶ Diese Funktion erstellt automatisch eine picLink-Liste, die die Zuordnung von Bildern zu einzelnen Kapiteln enthält, für den Darsteller 1 der Bild-Besetzung. Die Zuordnungen zu einzelnen Zeilenbereichen müssen ggf. manuell editiert werden! Die Funktion durchkämmt alle Felddarsteller in der Besetzung "Document" und überträgt diese in die neu erzeugte Liste. Nach Ermittlung von Textlänge und Anzahl der zugehörigen Bilder über countChapterPict werden alle zum Kapitel gehörenden Bilder dem gesamten Text eines Kapitels zugeordnet.

❷ Die Funktion countChapterPict zählt die zu einem Kapitel gehörenden Bilder in der Besetzung "Pictures". Zu diesem Zweck werden alle Namen aus der Besetzung daraufhin kontrolliert, ob sie mit der gesuchten Kapitelnummer beginnen.

Wechseln der angezeigten Texte eines Dokuments

Die eigentlichen Kernroutinen für das Textdarstellungssystem sorgen dafür, daß nicht nur wie in Kapitel 10 von Datensatz zu Datensatz gesprungen werden kann, sondern daß auch Sprünge zu bestimmten Kapitelnummern möglich sind.

Natürlich muß zuvor trotzdem eine normale Möglichkeit zum Weiter- und Zurückblättern bestehen, die der Routine `changeDia` des vorigen Kapitels entspricht; sie wird hier allgemeiner als `changeRecord` bezeichnet und kann ebenso wie ihre Schwesterprozedur relative Sprünge ausgehend vom aktuellen Datensatz ausführen. Statt aber die ganze Arbeit selbst zu tun, ruft `changeRecord` hier nur eine absolute Sprungroutine `goToRecord` auf, da diese später ohnehin benötigt wird. In dieser `goToRecord`-Routine werden die eigentlichen Aktionen zum Umschalten durchgeführt. Diese bestehen beim hier zunächst angenommenen einfachsten Fall in der Umschaltung der Darsteller in den Text- und Bildkobolden, genau wie wir es bereits in Kapitel 6 kennengelernt haben.

Kapitelorientierte Wechselroutinen

Um die angestrebten auf Kapitelebene funktionierenden Umschaltroutinen zu programmieren, benötigen wir noch eine Hilfsroutine, die die Hauptkapitelnummer zum aktuellen Unterkapitel ermittelt. Sie wurde ❸ `getChapterNum` genannt.

Auf diesen Programmroutinen basieren nun die kapitelorientierten Wechselprozeduren `goToChapter`, `goFirstChapter`, `goPrevChapter`, `goActChapter`, `goNextChapter`, `goLastChapter`, deren jeweilige Funktion sich leicht aus ihrem Namen erschließen läßt.

Getrennte Anzeigen der Kapitelüberschriften

Es ist sehr naheliegend, für die Anzeige der Kapitelüberschriften und Kapitelnummern andere Textfelder zu verwenden, in die einfach die Daten aus der ersten Zeile des Texts kopiert werden. Der Hauptvorteil liegt natürlich darin, daß diese Überschriften nicht mit dem Text wegrollen, und so immer eine Orientierung darüber erlauben, in welchem Teil des Dokuments man eben liest.

❶
```
on goToRecord m
  if m < 1 then set m = 1
  if m > gMaxRecord then set m = gMaxRecord
  set the member of sprite gTextChn = member m ¬
    of castLib gActDocLib
  if m = gActRecord then
    beep
  else
    set gActRecord = m
    set lin1 = line 1 of field m of castLib gActDocLib
    set gActChapter = word 1 of lin1
  end if
end
```

❶ Absoluter Sprung zu einem Datensatz, unabhängig von der Kapitelstruktur.

❷
```
on changeRecord d
  goToRecord gActRecord + d
end
```

❷ Relativer Sprung, ausgehend vom aktuellen Datensatz.

❸
```
on getChapterNum
  set the itemDelimiter = "."
  set chapterNum = value(item 1 of gActChapter)
  set the itemDelimiter = ","
  return chapterNum
end
```

❸ Diese Funktion ermittelt die Nummer des aktuellen Hauptkapitels.

❹
```
on goToChapter chapterName
  set memNum = the memberNum of member chapterName
  goToRecord memNum
end
```

❹ Sprung zu einer als Zeichenkette angegebenen Kapitelnummer.

❺
```
on goFirstChapter
  goToChapter "1"
end
```

❺ Sprung zum ersten Hauptkapitel des Dokuments.

❻
```
on goPrevChapter
  set actMainChapter = getChapterNum()
  if actMainChapter>1 then goToChapter(string(actMainChapter-1))
end
```

❻ Sprung zum vorhergehenden Hauptkapitel des Dokuments

91

Wir können aber noch einen Schritt weiter gehen und uns an der hierarchischen Struktur des Texts „hochhangeln". Wesentlich eleganter ist es nämlich, wenn nicht nur die aktuelle Unterüberschrift erscheint, sondern der komplette hierarchische „Pfad" zum Unterkapitel. In der Beispielanwendung habe ich diese Funktion bis zur dritten Ebene implementiert.

Anzeige der übergeordneten
Kapitelbezeichnungen

Sie basiert auf zwei Routinen, der Funktion ❹ headerLineOfChapter, die zu einer angegebenen Kapitelkennung die Überschrift liefert, und der Prozedur ❺ setHeaders, die die vorgenannte Funktion dazu nutzt, sich in der Hierarchie nach oben zu arbeiten, und die die Überschriften und Kapitelnummern in die entsprechenden Felder überträgt (s. nächste Seite).

Austausch durch Kopieren der Darsteller

Bisher haben wir das Problem gelöst, die Kapitelüberschriften auch bei weggerolltem Text noch anzuzeigen. Leider aber steht die aktuelle Kapitelüberschrift selbst noch immer zusätzlich im rollbaren Feld. Was ist zu tun? Wir können sicherlich nicht mit einer Anweisung wie delete line 1 of field einfach die erste Zeile des Textes weglöschen, denn beim zweiten Anzeigeversuch wäre dort ja keine Kapitelnummer und Kapitelüberschrift mehr zu finden. Man könnte sich Lösungen denken, bei denen die Kapitelüberschriften in einer zusätzliche Besetzungsdatei unabhängig von den Dokumenttexten untergebracht werden. Wir haben uns gegen eine solche Lösung entschieden, da sie sich bei Ergänzungen und Einfügungen in bereits aufgenommene Dokumente vermutlich als hinderlich erweisen würde.

Die hier vorgestellte Lösung liegt nun darin, die Anzeige des Textdarstellers gar nicht wie in der Dia-Show von Kapitel 6 und wie oben als Möglichkeit angedeutet durch Austausch des in einem Kobold angezeigten Darstellers durchzuführen, sondern durch Kopieren eines kompletten Felddarstellers aus der Besetzung „Document" in die interne Besetzung. Angezeigt wird in diesem Fall immer der Darsteller an derselben Position der internen Besetzung. Diese Methode hat zwar den Nachteil, etwas langsamer zu sein, sie erlaubt es aber, den kopierten Darsteller ungestraft seiner ersten Zeile zu berauben. Damit die Sache auch bei einer eventuellen Verschiebung der Darsteller in der internen Besetzung

❶
```
on goActChapter
  set actMainChapter = getChapterNum()
  goToChapter(string(actMainChapter))
end
```

❷
```
on goNextChapter
  set actMainChapter = getChapterNum()
  if actMainChapter < gMaxChapter then ¬
    goToChapter(string(actMainChapter + 1))
end
```

❸
```
on goLastChapter
  goToChapter string(gMaxChapter)
end
```

❹
```
on headerLineOfChapter chapterName
  set memNum = the memberNum of member chapterName
  set lin1 = line 1 of field memNum of castLib gActDocLib
  return word 2 to (the number of words of lin1) of lin1
end
```

❺
```
on setHeaders chapterName
  set cn = chapterName
  set the itemDelimiter = "."
  set levNum = the number of items of cn
  set headTxt = "" -- Kapiteltitel
  set chapNum = "" -- Kapitelnummern
  repeat with i = levNum down to 1
    put headerLineOfChapter(cn) & RETURN before headTxt
    put cn & RETURN before chapNum
    delete item i of cn
  end repeat
  set the itemDelimiter = ","
  put headTxt into field "Header"
  put chapNum into field "ChapterNumber"
end
```

❶ Übernahme Neuer Dokument Sprung zum Anfang des aktuellen Hauptkapitels.

❷ Sprung zum nächsten Hauptkapitel.

❸ Sprung zum letzten Hauptkapitel.

❹ Diese Funktion liefert die Kapitelüberschrift zu einer gegebenen Kapitelnummer

❺ Diese Prozedur setzt die Überschriften eines Unterkapitels und aller darüberliegenden Hierarchiestufen sowie die entsprechenden Kapitelnummern direkt in die vorgesehenen Textfelder.

noch funktioniert, muß wieder über den Namen des Darstellers zugegriffen werden. Der Darsteller, der jeweils durch das aktuell anzuzeigende Textfeld überschrieben wird, bekommt den Namen `"DocText"`. Auf der nächsten Seite ist in ❶ die gesamte Sequenz für die Umschaltung gezeigt, die die bisher vorgesehene Umschaltzeile in `changeRecord` ersetzt. Bevor der Darsteller `"DocText"` in der internen Besetzung einfach überschrieben wird, muß zunächst seine Position zwischengespeichert werden; dies geschieht in der Variablen `txtMem`.

Nun gilt es zu vermeiden, daß der Text beim Duplizieren sofort auf dem Schirm erscheint, noch bevor Gelegenheit bestünde, die erste Zeile zu entfernen. (Änderungen an Textfeld-Darstellern haben nämlich die unangenehme Eigenschaft, sich sofort auf dem Bildschirm bemerkbar zu machen, nicht wie sonst üblich erst durch einen `updateStage`-Befehl.) Zu diesem Zweck wird der im entsprechenden Kobold angezeigte Darsteller einfach temporär auf einen leeren Textfelddarsteller passender Größe umgeschaltet und damit ein Flackern vermieden.

Während `"DocText"` also außer Betrieb ist, kann er durch den korrekten Darsteller aus der Besetzung `"Document"` überschrieben werden. Leider heißt der neue Darsteller aber natürlich nun nicht mehr `"DocText"` und die Sache würde nur einmal funktionieren. Wir treffen also Vorsorge und benennen den Darsteller an der vorher zwischengespeicherten Position `txtMem` wieder um in `"DocText"`.

Aus dem Textfeld wird als nächstes die lästige erste Zeile mit der Kapitelnummer und Überschrift entfernt. Endlich kann die Anzeige des Kobolds in Kanal `gTxtChn` wieder auf den Darsteller `"DocText"` zurückgeschaltet werden.

Tatsächlich funktioniert die etwas komplizierte Sequenz einwandfrei und führt nun zu einer korrekten Anzeige.

Potentielle Probleme mit dieser Methode sollen aber auch nicht verschwiegen werden: Das Duplizieren von Textfeldern und das Herausschneiden einer Zeile kann wesentlich länger dauern, als einfaches Umschalten von Darstellern eines Kanals. Die Operationen sind aber in der Regel mit $<0,1$ Sekunden schnell genug

❶   ...

```
set txtMem = the number of member "DocText"
set the member of sprite gTxtChn = member "EmptyText"
updateStage
duplicate member m of castLib gActDocLib, member txtMem
set the name of member txtMem = "DocText"
delete line 1 of field txtMem
set the member of sprite gTxtChn = member "DocText"
```


    ...

❶ Anstelle der Zeile

```
set the member of sprite ¬
gTxtChn = member m of ¬
 castLib gActDocLib
```

verwendet, vermeidet dieser Programmteil die Anzeige der Kapitelüberschriften im rollbaren Feld.

für die Anwendung. Hiervon gibt es aber leider Ausnahmen: Enthalten die Textfelder sehr viele Formatierungen, so wird deren Bearbeitung deutlich langsamer. Damit aber nicht genug! Aus nicht genau nachvollziehbaren Gründen vertragen sich solche reichlich formatierten Textfelder sehr schlecht mit virtuellem Speicher. Bei Kombination beider Störenfriede können sich die Vorgänge des Duplizierens und Herausschneidens der Textzeile auf eine völlig unakzeptable Umschaltzeit von ca. 10 Sekunden (!) summieren. Wenn dieser Fall bei Ihnen auftreten sollte, müssen Sie doch den Weg mit getrennten Besetzungen für Texte und Überschriften gehen und die Routinen entsprechend abwandeln.

Bilderzuordnung zu einzelnen Zeilenbereichen

Statt einfach ein Bild für jeden Text vorzusehen, wie Sie in Kapitel 6 gesehen haben, müssen nun komplexere Prozeduren dafür sorgen, daß die passenden Bilder zu jedem Textbereich in der Besetzung `"Pictures"` gefunden werden.

Wie erfolgt nun das Einblenden der Bilder entsprechend den so sorgfältig vorbereiteten Informationen?

Die Prozedur ❸ `idle` ist eine Lingo-Eigenheit: Sie wird immer dann aufgerufen, wenn es sonst nichts Aktuelles zu tun gibt, und bietet somit eine ideale Stelle, um ein passendes Bild zu suchen. Die für das Suchen der Bilder zuständige Prozedur ❶ `check-Pict` und die Funktion ❷ `isInRange` sind verhältnismäßig kompliziert. Sie müssen laufend den Rollzustand des Textfeldes überprüfen und vergleichen ihn mit der Liste im ersten Darsteller der Bildbesetzung. Alle Bilder, die zu Textbereichen gehören, von denen mindestens eine Zeile sichtbar ist, werden in die Liste `gDispPicts` aufgenommen, die die Darstellung steuert.

Bilder einblenden

Die eigentliche Einblendung der Bilder besorgt `dispPict(` ❶ nächste Doppelseite). Wenn mehrere Bilder zu einem Kapitel anzuzeigen sind, werden diese zyklisch durchlaufen. Dabei wird jedes Bild beispielsweise 4 Sekunden lang angezeigt und macht dann dem nächsten Bild Platz. Mit diesem Trick ist es möglich, eine unbestimmte Anzahl von Bildern zuzuordnen, ohne einen ent-

❶

```
on checkPict
  set the itemDelimiter = ","
  set linkDescription = line gActRecord of field "PictLink"
  set numPicts = (the number of items of linkDescription) - 1
  set gDispPicts = []
  if numPicts > 0 then
    repeat with i = 1 to numPicts
      set the itemDelimiter = ","
      set pic = isInRange(item (i+1) of linkDescription)
      if pic>0 then
        add(gDispPicts,pic)
      end if
    end repeat
  end if
end
```

❶ Diese Routine prüft, ob zu einem angezeigten Text ein Bild vorhanden ist, und baut mit Hilfe der Funktion isIn-Range() eine Liste aus den entsprechenden Bildern auf.

❷

```
on isInRange descr
  set Zh = the lineheight of field "DocText"
  set linFirstVis = 1 + the scrolltop of member "DocText"/Zh
  set displines = the height of sprite gTxtChn / Zh
  set linLastVis = linFirstVis + displines
  set picMem = 0
  set the itemDelimiter = ":"
  set pn = item 1 of descr
  set range = item 2 of descr
  set lowLim = value(item 1 of range)
  set uppLim = value(item 2 of range)
  if lowLim < linLastVis and uppLim > linFirstVis then
    set picMem = the number of member (gActChapter & "_" & pn)
  end if
  return picMem
end
```

❷ Hier wird geprüft, welche Bilder zu Bereichen gehören, die gegenwärtig im sichtbaren Bereich des rollbaren Felds liegen.

❸

```
on idle
  checkPict
  dispPict
end idle
```

❸ Veranlaßt das Nachladen eines Bildes sobald wie möglich.

97

sprechenden Bildschirmplatz vorsehen zu müssen. Natürlich könnte man alternativ auch eine Methode entwickeln, die Bilder in der Liste mit Schaltflächen durchblätterbar zu machen, statt sie automatisch zu wechseln.

Mehrere Dokumente verwalten

Wie bereits bei der Namenskonvention angedeutet, werden dazu mehrere Pärchen von Text- und Bildbesetzungsdateien eingesetzt. (Die Bild- und eventuelle andere Mediendaten können prinzipiell durchaus in der gleichen Besetzungsdatei abgelegt werden, wurden aber hier aus Gründen der Übersichtlichkeit in getrennten Besetzungen gespeichert.) Die Aufnahme neuer Dokumente für die Präsentation wurde bereits angesprochen. Sie erzeugen einfach die jeweils notwendigen Text- und Bildbesetzungen. Die Umschaltung zwischen diesen Dokumenten (oder auch zwischen verschiedenen Sprachversionen des selben Dokuments) geschieht über die Prozedur ❷ `switchBook`. Sie erhält als Parameter den „Vornamen“ des Dokuments, den maximal sieben Zeichen langen ersten Teil des Namens der Besetzungsdateien (z.B. `"Buch1"`, wenn die Besetzungsdateien als »Buch1D.CST« und »Buch1P.CST« bezeichnet wurden). Optional kann `switch-Book` mit einem zweiten Parameter für die zu Beginn anzuzeigende Kapitelnummer aufgerufen werden. Der Default-Wert ist `"1"`. Der Wechsel des angezeigten Dokuments wird durch den Befehl `set the fileName of castLib` veranlaßt. Nach dem Austausch müssen einige Variablen neu gesetzt werden. Dazu dient die Routine `initNewDoc`.

Direkter Einsprung von außen

Eine oft geäußerte Forderung ist die Möglichkeit, in ein Modul wie das vorliegende von außen einspringen zu können und dabei gleich einen bestimmten Text aufzuschlagen. Dies ist natürlich insbesondere dann wichtig, wenn das Modul z.B. als Glossar für eine größere Gesamtapplikation dient. Die entsprechende Schnittstelle ist recht unkompliziert . Es muß lediglich die globale Variable ❸ `BookDisplay` mit dem Dokumentnamen, der Kapitelnummer und ggf. einer Zeilenzahl vorbelegt werden, bevor der Aufruf des Moduls durch den `play movie`-Befehl erfolgt. Dieses Vorgehen wird im Beispielfilm »CallDoc.DIR« demonstriert.

❶
```
on dispPict
  set numOfPics = count(gDispPicts)
  if numOfPics>0 then
    if the member of sprite gPicChn = member "PictArea" then
      set pAct = numOfPics
    end if
    global pAct
    if the ticks > gLastChange + 4*60 then
      if pAct >= numOfPics then
        set pAct = 1
      else
        set pAct = pAct + 1
      end if
      set the member of sprite gPicChn =
        member getAt(gDispPicts,pAct) of castLib "Pictures"
      set gLastChange = the ticks
    end if
  else
    set the member of sprite gPicChn = member "PictArea"
  end if
end
```

❶ Zyklische Darstellung eines Bildes aus der Liste **gDispPicts** nach festgelegter Zeit

❷
```
on switchBook book, chapter
  set c = "1"
  if the paramCount > 1 then
    set c = chapter
  end if
  set gBookName = book
  set the filename of castLib gActDocLib= the pathname&book&"D.CST"
  set the filename of castLib gActPictLib= the pathname&book&"P.CST"
  initNewDoc
  set gActRecord = 0 -- aktuellen Record ungültig machen
  goToChapter c
end
```

❷ Umschalten auf ein anderes anzuzeigendes Dokument.

```
on mouseUp
  global gBookDisplay
```
❸
```
  set gBookDisplay = "Buch1,3,30" -- Buch,Kapitel,Zeile
  play movie "DocDisp"
end
```

❸ Aufruf des Dokumenten-Darstellungssystems von außen

Hilfsroutinen

Die folgenden Routinen können hilfreich sein bei einer Änderung des Bildschirmlayouts. Sie werden für den eigentlichen Programmablauf aber nicht benötigt.

❶ Diese Hilfsroutine erlaubt es, alle zu einem Dokument gehörenden Textfelddarsteller automatisch richtig zu benennen sowie die Breite und Höhe mehrerer Felder gleich einzustellen.

❷ Diese Routine ändert die Breite und Höhe eines einzelnen Textfeldes.

Eine solche Funktion ist erforderlich, da es in Director leider weder mit den dafür vorgesehenen Eigenschaften (the width of member bzw. the height of member) noch mit den entsprechenden Funktionen für Kobolde (the width of sprite, the height of sprite, spriteBox etc.) möglich ist, Textfelder per Programm einzustellen.

❶
```
on genAdjustDocMembers w,h
  global gActDocLib, gMaxRecord
  initDocDisplay
  repeat with i = 1 to gMaxRecord
    set memName = word 1 of field i of castLib gActDocLib
    set the name of member i of castlib gActDocLib = memName
    setTextFieldSize the name of member i of castlib gActDocLib, w,h
  end repeat
end
```

❷
```
on setTextFieldSize mem, w, h
  set r = the rect of member mem
  set ww = the right  of r

  if (the paramCount > 1) then
    if w <> 0 then
      set ww = abs(w)
    end if
  end if

  set hh = the bottom of r
  if (the paramCount > 2) then
    if h <> 0 then
      set hh = abs(h)
    end if
  end if

  set the right of r = ww
  set the bottom of r = hh
  set the rect of member mem = r
end
```

Ein
Quiz

8 Ein Quiz

8.1 Ein einfaches interaktives Lernspiel

Anhand eines Quiz werden zunächst verschiedene einfache Themenbereiche (wie Stringbearbeitung, Zufallswerte etc.) abgehandelt, die häufig bei CBT-Anwendungen und z. T. auch bei Simulationen eine Rolle spielen.

Unser Quiz wird so konstruiert, daß es leicht auf neue Fragenkataloge eingestellt werden kann. Die konkreten Fragen für das Quiz werden daher nicht als einzelne Textdarsteller abgelegt, sondern leichter aktualisierbar in einem gemeinsamen Textfeld.

Folgende Möglichkeiten der Antwort werden vorgesehen:

a) die Auswahl zwischen verschiedenen sich ausschließenden Alternativen

b) Anklicken verschiedener wahrer, sich nicht gegenseitig ausschließender Antworten

Gemäß den Normen der Bedieneroberflächen (Lit. [5]) entspricht der ersten Kategorie die Darstellung der Antworten mit Optionsschaltflächen („Radio-Buttons"), der zweiten Kategorie hingegen entspricht die Darstellung mit Auswahlfeldern („Check-Boxes"). Natürlich sind weitere Antwortmodi denkbar (z.B. Eingabe eines Wortes oder Schätzung eines Wertes mittels Mausklick auf eine Skala), wir wollen diese jedoch nicht implementieren, um die Anwendung nicht zu überfrachten.

GQuiz1.DIR

Die Beispieldatei »GQuiz1.DIR« zeigt Methoden, mit denen Fragen aus einem Textfeld herausgeholt und dargestellt werden können.

Zunächst muß hierfür eine Struktur und Syntax festgelegt werden, die es erlaubt, einzelne Fragen, Antworten und weitere Informationen bequem aus dem Textfeld (hier dem Feld `"Questions"`) zu entnehmen. Es wird ein Trennzeichen für Fragen definiert, von dem angenommen werden kann, daß es nicht selbst im Text vorkommt. Im Beispiel wurde für diesen Zweck das Zeichen # (Notenkreuz) verwendet. Für die Übersichtlichkeit ist es sinnvoll, dieses Trennzeichen allein auf einer Zeile stehen zu lassen.

Director erlaubt die Definition eines beliebigen Zeichens als sogenannter `itemDelimiter` und stellt Funktionen zur Verfügung, um mit diesen „items" zu arbeiten (z.B. `the number of items of...`, `item i of...`). Auf diese Weise ist der Zugriff auf ganze Textpassagen und nicht nur auf Einzelworte (z.B. `the number of words of...`, `word i of...`) möglich.

Beispieltext:

Format der Quizfragen und
Antworten

```
1•1
Wodurch bildete sich der Bodensee?
durch Gletscher
durch Senkung
durch tektonische Bewegungen
#
2•1,3
Welche der folgenden Vulkane liegen in Europa?
Vesuv
Mt. St. Helens
Ätna
Kilauea
#
3•2,4
Ein RIFF ist
ein breiter, langgestreckter Graben
ein Korallenbau in tropischen Meeren
ein tektonischer Horst
eine wiederkehrende Klangfolge in der Rockmusik
#
4•2
Wie heißt die Bewegung, die Sandkörner bei ihrer Verfrachtung durch
Strömungen ausführen?
Jumpieren
Saltation
Flotation
#
5•2
Wodurch werden die häufigen Erdbeben in Italien verursacht?
```

die Öffnung des Atlantik

die Bewegung der Afrikanischen Platte

beginnendes Zerbrechen der Eurasischen Platte

Beim Auswählen einer Antwort wird die Routine `OnlyOne-OfTheRadioButtons` aufgerufen, mit der die entsprechende Optionsschaltfläche aktiviert wird.

Beim Klick auf die Schaltfläche `"OK, neue Frage"` wird die Routine `getNewQuestion` aufgerufen, die per Zufallsgenerator eine neue Frage aus dem Felddarsteller `"Questions"` holt. `showAnwers` blendet dann die neue Frage und die neuen Antworten ein.

8.2 Erweiterung des Quiz

Ein Quiz soll vom Anwender gern benutzt werden. In der Variante »GQuiz2.DIR« versuchen wir darum, die Handhabung etwas attraktiver zu gestalten. In diesem Beispiel wurde die Unterscheidung zwischen Fragen mit einer bzw. mehreren Antworten zugunsten einer einfacheren Bedienung und vor allem zugunsten einer sofortigen akustischen und optischen Rückmeldung (Lerneffekt!) aufgegeben. Als zusätzliche Funktionen werden ein Punktezähler und eine Zeitmessung eingeführt. In einer weiteren Ausbaustufe sorgen wir dafür, daß eine Frage nur einmal erscheinen kann und ermöglich zusätzlich die Einblendung von Bildern zur Frage und das Abspielen von Tondateien.

GQuiz2.DIR

Über eine auf dem Bildschirm abgebildete Weiter-Schaltfläche (auch ein Würfel wäre an dieser Stelle möglich) soll eine beliebige Frage und mehrere mögliche Antworten aus einer Textliste ausgewählt und am Bildschirm dargestellt werden.

Ein Quiz macht nur Spaß, wenn man auch eine Wertung erhält, deshalb muß eine Punktzahl definiert werden, die bei richtiger Antwort gutgeschrieben bzw. bei falscher Antwort abgezogen wird. Für Bildfragen wird auch die Einblendung einer Bitmap zusammen mit der Frage vorgesehen. Die Bilder liegen in unserem Fall in einer eigenen Besetzung mit der Bezeichnung `"Pict"`, ihre Position in der Besetzung legt die Zuordnung zur Frage fest. In gleicher

Weise könnte bei einem geeigneten Thema (z.B. einem Musikle-
xikon) das Abspielen eines Sounds und damit Fragen mit akusti-
schem Inhalt realisiert werden.

Leistung ist Arbeit pro Zeit, daher ist ein wenig Zeitstreß bei einem
Quiz das Salz in der Suppe. Die zur Beantwortung jeder Frage
benötigte Zeit wird also auch gemessen und am Ende ausgegeben.
Sie könnte bei konkreten Implementationen auch leicht mit in die
Bewertung aufgenommen werden.

Der Inhalt der Quizfragen beschäftigt sich entsprechend unserem
Beispielprojekt mit der Geologie (s. S. 104 ff).

Zufallsfunktionen

random

Das Element des Zufalls ist dem Rechner eigentlich völlig fremd
(auch wenn einem bei so manchem Systemabsturz daran Zweifel
kommen können). Rechner sind von ihrer Bauart her determini-
stisch, d.h., sie geben auf bestimmte Eingaben auch ganz
bestimmte Ausgaben. Die Aufgabe, zufällige Prozesse im Rechner
zu simulieren, war deshalb immer eine Herausforderung für Programmierer (in der Natur treten solche zufälligen Vorgänge z.B.
beim radioaktiven Zerfall auf). Programme, die „zufällige" Zahlen
produzieren, nennt man Zufallsgeneratoren. Ein Zufallsgenerato-
r erzeugt bei jedem Aufruf eine Zahl aus einer sogenannten „pseu-
dozufälligen" Zahlenfolge, das sind Zahlen, die sich statistisch ähnlich wie echt zufällige, „erwürfelte" Zahlen verhalten, sich aber bei
gleichen Anfangsbedingungen gleichwohl wiederholen. Die
Anfangsbedingungen für den Zufallsgenerator werden in Form
einer als „Random Seed" bezeichneten Ausgangszahl definiert. Mit
dieser „Saat", die über die Lingo-Systemvariable

```
the randomseed
```

festgelegt werden kann, wird praktisch eine neue Serie von
Zufallszahlen begonnen. Um bei jedem Programmstart unterschiedliche Zufallswerte zu erhalten, brauchen Sie keinen Gei-
gerzähler an den Computer anzuschließen, sie können auch einfach eine neue „Random Seed" abhängig von der aktuellen Zeit
vorgeben.

Die jeweils nächste Zahl einer Zufallsfolge wird über folgende Funktion erzeugt:

```
random(x)
```

Anwendungsbeispiel:

```
set Wurf = random(6)
```

Die als Parameter übergebene Zahl x legt dabei den Bereich fest, aus dem die Zufallszahlen genommen werden. Die zufällig ausgewählte Ganzzahl liegt im Intervall von 1 bis x. Ist x keine Ganzzahl, so reicht der Wertebereich der Zufallszahlen bis zur jeweils nächst kleineren Ganzzahl.

Das obige Beispiel weist also der Variablen Wurf eine der Zahlen aus {1,2,3,4,5,6} zu und kann zur Simulation eines normalen Würfelspiels verwendet werden.

Tonunterstützung

Eine sofortige akustische Rückmeldung bei der Beantwortung von Fragen fördert den Lerneffekt. Zu diesem Zweck werden zwei Töne vorgesehen. Ein „enttäuschter" Klang und der Klang eines in eine Schale fallenden Geldstücks sind hier vielleicht geeigneter als die sprachliche Äußerung „richtig" bzw. „falsch". Solche monotonen Sprachmeldungen werden sehr viel schneller als lästig und langweilig empfunden.

Drag and Drop

Auch die Möglichkeit, eine von mehreren möglichen Antworten an eine Zielposition zu ziehen, könnte gut für ein Quiz genutzt werden. Es lassen sich damit auch „Bildantworten" realisieren. Wir haben diese Variante nicht in unserem Quiz genutzt, Sie können eine derartige Anwendung aber im Zweig „Simulationen" beim Planetenspiel sehen.

Externer Fragenkatalog

Das Einlesen der Fragen aus einem externen Fragenkatalog kann über das XTra FileIO realisiert werden. Sind nämlich die Fragen und Antworten in einer einfachen ASCII-Textdatei abgelegt, können sie (sofern das Programm von der Festplatte und nicht direkt von der CD benutzt wird) vom Anwender selbst verändert und, falls im Programm vorgesehen, sogar ergänzt werden. Auch die Aktualisierung der Fragen (über Disketten oder über das Internet) ist so am leichtesten möglich.

Antworten speichern

Manchmal ist es sinnvoll, die in einem Quiz (das in diesem Falle wohl besser Prüfung heißen sollte) gegebenen Antworten und Antwortzeiten mit dem in der Vorgabenseite eingetragenen Namen auf der Festplatte abzulegen. Auch hierzu eignet sich das Schreiben von Textdateien mit dem XTra FileIO.

8.3 Ein geologisches Quiz

Unser Quiz soll nun um weitere wichtige Eigenschaften ergänzt werden. Sie finden diese Ausbaustufe unter dem Namen »GQuiz3.DIR« im Ordner Kap_08 (Dia-Show).

Zunächst wird verhindert, daß dieselbe Frage mehrfach gestellt wird. Dazu wird eine globale Liste g Q u e s t i o n L i s t aller noch nicht gestellten Fragenummern verwendet. Bei der Initialisierung des Spiels wird diese Liste zunächst durch die Routine initQuestionList mittels einer repeat-Schleife aufgebaut, ein Vorgehen, das übrigens aus Geschwindigkeitsgründen nur bis zu einigen hundert Nummern zu empfehlen ist (längere Listen könnten statt in Listenstrukturen z.B. in einem Textdarsteller fertig vorbereitet abgelegt werden).

Bei der Auswahl einer neuen Frage wird nun zunächst überprüft, wie viele Nummern noch verfügbar sind, und eine davon zufällig ausgewählt. Diese wird aus der Liste getilgt, damit sie später nicht wiederverwendet wird (sie könnte bei falscher Antwort auch wieder in die Liste aufgenommen werden). Nun bleibt nur noch die Situation einer leer gewordenen Frageliste zu behandeln. Alle notwendigen Ergänzungen sind im Filmskript von »GQuiz3.DIR« blau markiert.

Bild- und Tonfragen

Soll eine Frage durch Einblendung eines Bildes oder durch das Abspielen einer Tondatei unterstützt werden, sind nur wenige Ergänzungen erforderlich. Wir müssen ermitteln, ob zur jeweiligen Frage ein weiteres Medienelement gehört.

Betrachten wir zunächst den Fall einer Bildeinblendung. Hierfür müssen die Bilder zu den Fragen in einer CastLib abgelegt werden. Es empfiehlt sich aus Gründen der Übersichtlichkeit, für diesen Zweck eine eigene externe CastLib einzurichten und zu verknüpfen. Die Darsteller werden darin entsprechend der Fragenummer abgelegt, bei der sie erscheinen sollen.

Im Initialisierungsteil des Programms wird die Kanalnummer des Bildes in der globalen Variablen `gPictChn` abgelegt. Dieser Kanal (und im Beispiel ein Kanal für einen dahinter liegenden Leuchtrand) wird zu einer Puppe gemacht und zunächst einmal ausgeblendet.

Bei jeder Frage wird anhand des Typs des Darstellers (`#empty` oder `#bitmap`) neu entschieden, ob das Bild angezeigt oder ausgeblendet werden soll. Natürlich muß dem Kanal `gPictChn` bei den Fragen mit Bild auch noch der korrekte Darsteller zugeordnet werden. Die notwendigen Änderungen sind im Code mit violetter Farbe markiert.

Übrigens wäre es auch möglich, über entsprechende Namen (möglicherweise begleitet von der Fragenummer) auf die dann ungeordnet in der Besetzung liegenden Bilder zuzugreifen. In diesem Fall muß festgestellt werden, ob ein Darsteller eines bestimmten Namens überhaupt existiert, und zwar bevor Lingo eine entsprechende Fehlermeldung erzeugt. Sie können dazu mit `the number of member memName` die Darstellernummer abfragen. Existiert der Darsteller nicht, hat die Nummer den Wert `-1`.

Bei manchen Anwendungsfällen ist auch die Kombination eines akustischen Effekts mit der Einblendung der Fragen notwendig (z.B. Sprachenlernen, Vogelstimmen, Musikrätsel). Dazu muß lediglich eine CastLib mit Sounds statt mit Bildern bestückt werden. Bei der Auswahl der Frage wird auf das Vorhandensein eines

Sounddarstellers geprüft (Typ `#sound`) und ein entsprechender `puppetSound`-Befehl an der Stelle eingefügt, an der sonst das Bild sichtbar gemacht wird.

Verhindern mehrfacher Antworten

Bei dem bisher erstellten Quiz-Programm kann noch betrogen werden: Klickt man mehrmals auf eine richtige Antwort, so kommen jeweils Punkte dazu (entsprechend gibt es bei mehrfach aktivierten Falschantworten mehrfachen Abzug). Dies läßt sich durch jeweils eine `if`-Anweisung in den Prozeduren `answerOK` und `answerBad` leicht beheben. Dabei wird einfach abgefragt, ob der Darsteller bereits in ein Kreuz bzw. Häkchen umgeschaltet worden ist. Die entsprechenden Ergänzungen sind im Filmskript orange markiert.

Zeitmessung

Nun zur Zeitmessung: Im Quiz soll für die Antworten lediglich eine gewisse begrenzte Zeit zur Verfügung stehen, danach muß ein neues Spiel begonnen werden. Gewonnen hat, wer in dieser Zeit die meisten Pluspunkte gesammelt hat.

Über die Funktion `the ticks` ist die seit dem Start der Applikation verflossene Zeit (gemessen in 1/60 Sekunden) abfragbar. Für die Zeitsteuerung muß in einer globalen Variablen (`gQuizStartTime`) der Startzeitpunkt notiert werden, in einer anderen Variablen wird die Gesamtzeit für das Spiel vorgegeben (`gQuizDuration`). Eine Ergänzung der `quizLoop` um den Prozeduraufruf für `checkQuizReady` sorgt für eine regelmäßige Überprüfung der Zeit. Die neue Prozedur `checkQuizReady` berechnet die verbleibende Restzeit und gibt diese im Textfeld `"RestTime"` laufend aus. Ist die gesamte Spielzeit abgelaufen, informiert ein Alert über das Ergebnis, die Frage wird dann vom Bildschirm genommen und das Programm verzweigt wieder zum Start. Die Änderungen sind cyanfarbig markiert.

Simulationen

9 Simulationen

9.1 Wozu Simulationen?

Eine interessante Funktion von Computerprogrammen besteht in der Simulation von Abläufen. Insbesondere in der Wissenschaft und in der Ingenieurtechnik sind Simulationen in den letzten dreißig Jahren zu einem unentbehrlichen Hilfsmittel geworden. Meist kommen dabei aus Geschwindigkeitsgründen Programmiersprachen wie C oder Pascal zum Einsatz, oft sogar speziell für eine bestimmte Simulationsart entwickelte Spezialsprachen. Da sich jedoch die Rechengeschwindigkeit der verfügbaren PC- und Macintosh-Workstations stetig erhöht hat, wird es in immer mehr Fällen möglich, auch die im allgemeinen weniger effizienten Hochsprachen vierter Generation wie Lingo für diese Zwecke einzusetzen. Ihr großer Vorteil liegt in der leichten Handhabbarkeit. Meist sind die Entwicklungskosten einer Applikation in Lingo viel geringer als die einer entsprechenden Lösung, die in C oder C++ programmiert wird.

Simulationen geben naturgemäß immer nur einen Teil der Realität wieder. Wenn sie richtig konzipiert sind, können sie Experimente in gewissem Rahmen durchaus ersetzen. Allerdings ist es immer wieder erforderlich, die Ergebnisse von Simulationen soweit möglich mit realen Meßwerten zu vergleichen und an ihnen zu eichen. Sie können diese also im allgemeinen nicht vollständig ersetzen, sondern lediglich die Zahl der notwendigen Experimente verringern.

Es kann unterschiedliche Gründe geben, Simulationen statt einem realen Experiment oder statt der direkten Beobachtung einzusetzen:

Optimierungen mit vertretbaren Kosten

Vielfach helfen Simulationen, Kosten gegenüber echten Experimenten einzusparen. Natürlich ist es viel günstiger, einen Auto-Crash zu simulieren, als echte Autos gegen eine Wand zu fahren.

Veranschaulichung unzugänglicher Prozesse

Durch Simulationen lassen sich Situationen untersuchen, die uns in der Realität nicht zugänglich sind, z.B. weil sie in der Vergangenheit oder außerhalb heutiger technischer Realisierbarkeit liegen. Ein Beispiel wäre etwa die Simulation der Druck- und Temperaturverhältnisse direkt nach dem Urknall oder der optischen Effekte bei einem Flug nahe der Lichtgeschwindigkeit.

Veranschaulichung schwierig darstellbarer Prozesse durch Modelle

Die Simulation eines Gases kann das Verhalten kleinster Teilchen beschreiben und so einen Eindruck von deren Bewegung vermitteln. Bei der simulierten Bewegung der Bestandteile einer Zellmembran werden Erkenntnisse aus vielen elektronenmikroskopischen Einzelbildern und sonstigen Daten in intuitiv erfaßbarer Weise präsentiert.

Statistische Simulationen

Durch diese Art der Simulation kann das Verhalten eines komplexen Systems mit vielen verschiedenen Anfangswerten erforscht werden. Beispiele wären die Bewegung eines Moleküls, eines Gases (s.o.) oder die Simulation eines neuronalen Netzwerks in der Gehirnforschung.

Deterministische Simulationen

Berechnungen anhand deterministischer Modelle ermöglichen detaillierte Voraussagen über zu erwartende Ausgangswerte. Ein Beispiel hierfür ist die Simulation eines elektrischen Schaltkreises, bei dem Ausgangsspannungen abhängig vom Aufbau und von spezifischen Randbedingungen errechnet werden.

Simulation physikalischer Abläufe für Spiele

Eine besondere Kategorie stellen simulierte Verhaltensweisen von Dingen in Spielen dar. Typisch wäre hier etwa das Herunterfallen eines Steins oder die Simulation einer Wurfparabel. Kennzeichnend für diese Art der Simulationen ist, daß sie nur ungefähr die Realität widerspiegeln müssen, sich aber „richtig anfühlen" sollten.

Simulation von Geräten

Diese Kategorie der Simulation ist besonders interessant. Tatsächlich können manche Geräte mit ihrer kompletten Funktion im Computer simuliert werden. In einzelnen Fällen erübrigt sich dadurch sogar die physische Existenz des Geräts ganz oder teilweise. (Man denke nur an eine auf dem Bildschirm simulierte Analoguhr, an einen Taschenrechner oder an einen Spielwürfel.) In anderen Fällen wird nur ein Teil des Geräts simuliert (etwa bei einem Oszilloskop) oder aber die Simulation dient nur dem Trainieren der Handhabung des realen Geräts (z.B. Telefon, Flugsimulator etc.).

Obwohl die Fähigkeiten von Director mit Lingo im Bereich der Simulation im Vergleich zu C oder Pascal deutlich begrenzt sind, lassen sich häufig doch mit etwas Phantasie befriedigende Lösungen finden. Die größten Hindernisse ergeben sich durch folgende Einschränkungen:

• Die benötigte Rechenleistung für Lingo-Befehle ist deutlich höher als bei klassischen Programmiersprachen.

• Dadurch, daß es nicht ohne weiteres möglich ist, einfach Zeichenbefehle auf den Bildschirm auszugeben (arithmetisches Zeichnen), ist man häufig auf die Manipulation und Kombination vorhandener Medien beschränkt.

Zumindest die zuletzt erwähnte Beschränkung läßt sich durch Einsatz eines XTras (Draw-XTra) umgehen.

So unterschiedlich wie die Gründe für eine Simulation fallen auch die technischen Realisierungen aus. Insbesondere muß unterschieden werden zwischen rein veranschaulichender Simulation und Simulationen, bei denen exakte quantitative Ergebnisse angestrebt werden. Während die Ermittlung exakter Ergebnisse oft mit mehr Entwicklungszeit für das Programm und hohem Rechenaufwand einhergeht und somit nur in speziellen Fällen für die Realisierung in Lingo geeignet ist, können veranschaulichende Simulationen meist leicht und in kürzerer Zeit als beim Einsatz anderer Sprachen erstellt werden.

Skripte zur Simulation
»GasSim.DIR«

Distanz
erster Kanal für Gasmoleküle
letzter Kanal für Gasmoleküle

```
global d, dh, r, gs, ge, limX1, limX2, limY1, limY2
```

❶
```
on initGas
  set d  = 30
  set gs = 2
  set ge = 47
  set r = (the width of member 1) / 2
  --setLim
  repeat with i = gs to ge
    puppetSprite i, true
  end repeat
end
```

❷
```
on setLim
  set limX1 = the left   of sprite 1 + r
  set limX2 = the right  of sprite 1 - r
  set limY1 = the top    of sprite 1 + r
  set limY2 = the bottom of sprite 1 - r
end
```

❸
```
on gas
  setLim
  repeat with i = gs to ge
    set dh = d / 2.0
    set dx = integer(0.5 + dh - random(d))
    set dy = integer(0.5 + dh - random(d))
    set newLocH = the locH of sprite i + dx   -- neue x-Pos
    set newLocH = max(limX1,newLocH)
    set newLocH = min(limX2,newLocH)
    set newLocV = the locV of sprite i + dy   -- neue y-Pos
    set newLocV = max(limY1,newLocV)
    set newLocV = min(limY2,newLocV)
    set the locH of sprite i to newLocH
    set the locV of sprite i to newLocV
  end repeat
end
```

116

9.2 Eine einfache Gassimulation

In diesem Programmzweig wird der Aufbau einer Simulation mit programmgesteuerter Positionierung der Elemente erläutert und an dem einfachen Beispiel einer Gassimulation vorgestellt.

Zunächst geht es darum, das Problem zu definieren: Wie verhält sich ein Gasteilchen?

Physikalisch betrachtet bewegen sich Teilchen mit unveränderter Richtung weiter, solange keine Kraft auf sie wirkt, sprich: solange sie nirgends anstoßen. Durch die dauernden Stöße aber wird sich die Bewegungsrichtung fortwährend ändern. Betrachten wir Momentaufnahmen eines Gases mit schnell bewegten Teilchen, so treffen wir ein Teilchen nach einer gewissen Zeit in der Umgebung der vorherigen Position an. Dies ist es, was wir vorerst simulieren. Dabei werden noch weitere Vereinfachungen gemacht. Zum Beispiel würde für ein reales Teilchen eine mit der Entfernung zum Ursprungsort sinkende Wahrscheinlichkeit bestehen, es anzutreffen. Hier begnügen wir uns damit, von der aktuellen x,y-Position um einen zufälligen Wert abzuweichen. Das Teilchen hält sich in unserem Modell nach einer gewissen Zeit mit gleicher Wahrscheinlichkeit in einem quadratischen Bereich um den Ursprungsort auf.

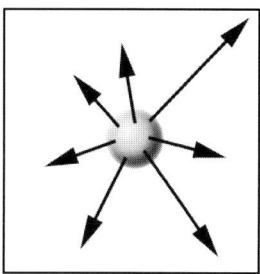

Bewegung der Teilchen in der einfachen Simulation GasSim

Spielen Sie bitte zunächst den Beispielfilm »GasSim.DIR« einmal ab, um sich einen Eindruck davon zu verschaffen, wie unsere einfache Gassimulation aussehen oder besser: wie sich sich verhalten soll (Sie finden das Beispiel im Ordner Kap_09). Die Gasmoleküle schwirren unablässig im Raum umher, dabei werden sie in ihrem Bewegungsdrang von einem dünnen Rahmen begrenzt, an dem sie abprallen. Übrigens: Wenn Sie den Rahmen mit gedrückter Maustaste bewegen, werden Sie bemerken, daß er über ungeahnte Fähigkeiten verfügt, er fungiert als eine Art Schleppnetz, mit dessen Hilfe sich der Teilchen-Schwarm zusammenhalten und über den Bildschirm bewegen läßt. Aber Vorsicht, ziehen Sie nicht zu heftig an dem „Netz", sonst drohen einige Mitglieder des Schwarms verloren zu gehen. Die Gasteilchen sind zum einen in einer ständigen Bewegung begriffen, zum anderen werden sie durch das Rechteck in ihrer Bewegung gehemmt und kollidieren mit dessen „Wänden". Im folgenden werden wir anhand des nebenstehenden

117

Filmskripts beschreiben, wie ein derartiges Verhalten simuliert werden kann.

In der Prozedur i n i t G a s (❶ im Listing oben) wird unser simuliertes Gas zunächst über eine Reihe von Parametern definiert: die Distanz (d), die als Kantenlänge des erwähnten quadratischen Bereichs die jeweils nachfolgende Position der Moleküle begrenzt, der erste und letzte Kanal für die Molekülbewegung (g s und g e) und schließlich der Radius (r), die halbe Breite des Bitmap-Darstellers des Gasmoleküls. Eine r e p e a t-Schleife schaltet die für die Gasteilchen vorgesehenen Kanäle 2 bis 47 in den Puppet-Status. Damit ist unser Gas erfunden, und in der nächsten Prozedur ❷ s e t L i m wird nun die Begrenzung der Bewegung eingestellt. In jeder der vier Zeilen wird eine der vier möglichen Bewegungsrichtungen aus aus den Werten für left, right, top, bottom des ersten Kobolds abgeleitet, wobei der Radius addiert bzw. subtrahiert wird (die Gasteilchen müssen bereits anstoßen, wenn sich ihr Zentrum dem Rahmen um die Entfernung r genähert hat).

Wenn Sie sicherstellen wollen, daß Sie keine Teilchen aus dem Schleppnetz verlieren, müssen Sie s e t L i m bei jeder Bewegung der Moleküle aufrufen. Sie können die auskommentierte Zeile in der Prozedur i n i t G a s dazu aktivieren. Jede Bewegung des Rahmens wird dann abgefragt und als neue Begrenzung der Moleküle bestimmt.

In Gang setzen wir die Simulation mit der dritten Prozedur (on)G a s, wie deren Namen schon nahelegt. Nach dem Aufruf der s e t L i m-Prozedur werden in einer repeat-Schleife die ausgewählten Kanäle nacheinander bearbeitet: die Distanz (d h) wird als halbierter Wert der in der Prozedur i n i t G a s definierten Größe festgesetzt; an dieser Stelle würde normalerweise das Phänomen auftreten, daß die Molekülbewegung einen Linksdrall aufweist, deshalb wird zur Korrektur der Wert 0 . 5 eingeführt, der dafür sorgt, daß ein Rundungswert symmetrisch nach oben und unten ermittelt wird. Außerdem müssen mit d x und d y die x- und y-Koordinaten des Moleküls bestimmt werden.
Die neue Position des Moleküls ergibt sich mit n e w L o c H bzw. n e w L o c V, danach werden die in s e t L i m festgelegten Begrenzungen als Minimal- bzw. Maximalwerte des Bewegungsbereichs berücksichtigt.

118

9.3 Realistische Simulationen

Will man eine Simulation programmieren, die näher an der Realität liegt, so kommt man oft nicht umhin, einen Blick in physikalische Formelsammlungen oder alte Schulbücher zu werfen.

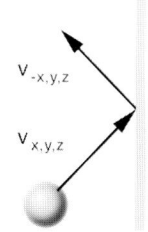

Auch hier wird man aber im allgemeinen nicht jeden Aspekt der Realität abbilden können, sondern muß vereinfachende Annahmen treffen. In Wirklichkeit spielen in einem Gas nämlich neben Stößen zwischen den Teilchen (die auch nicht immer kugelförmig sind) noch viele andere Effekte eine Rolle (z.B. elektrische Anziehungskräfte).

Realistischere Teilchenbewegung unter Beibehaltung der Eigengeschwindigkeit in x,y,z-Richtung (GasSim3D.DIR)

In der Beispielanwendung »GasSim3D« wird zumindest berücksichtigt, daß die Teilchen eine Trägheit haben und normalerweise ihre Flugbahn ungestört fortsetzen. Um die Dinge nicht beliebig zu verkomplizieren (und damit die Rechenleistung in die Knie zu zwingen), verzichten wir trotzdem auf Stöße zwischen den Teilchen und machen noch eine Menge anderer Vereinfachungen. Wir gehen vom Modell eines verdünnten Gases aus. Das bedeutet, Stöße zwischen Molekülen sind also selten und können vernachlässigt werden. Stöße mit den Wänden laufen nach dem einfachen Reflexionsgesetz ab (Einfallswinkel = Ausfallswinkel), d.h. an diesen Stellen ist bei der Geschwindigkeitskomponente nur das Vorzeichen umzudrehen.

Die über die z-Koordinate simulierte Tiefe stellen wir dar, indem anhand der „Tiefe" zwischen unterschiedlich großen Bitmaps umgeschaltet wird. Auf keinen Fall dürfen wir hier der Versuchung erliegen, eine Bitmap durch Dehnen des Kobolds zu skalieren: Eine Verlangsamung um etwa den Faktor 20 wäre die Folge. Wenn Sie die Simulation »GasSim3D« anschauen, werden Sie sicherlich feststellen, daß diese Gasteilchen bereits viel eher einem Gas (oder einer herumfliegenden Menge von Tennisbällen) entsprechen.

Tabellenkalkulation mit Lingo

10 Tabellenkalkulation mit Lingo

Ausgangspunkt für die Programmierung der in diesem Kapitel vorgestellten Routinen war die immer wieder gestellte Frage von Seminarteilnehmern und Kunden, ob sich wohl mittels Lingo eine Bestellfunktion realisieren läßt, die in etwa einem normalen Rechnungsformular oder einer Kalkulationstabelle gleicht.

Bei allen Multimedia-Produkten, die eine solche integrierte Bestellfunktion aufweisen müssen, stellt sich das Problem, eine potentiell sehr lange Liste von Einzelpositionen in mehreren Spalten verwalten zu können. Angesichts von 120 (Director 6) bzw. sogar nur 48 (Director 5) Grafikkanälen scheint hier eine schwerwiegende Hürde für Kataloganwendungen vorzuliegen.

Daß sich trotzdem sogar so etwas wie eine kleine Tabellenkalkultion ohne allzuviel Aufwand in Lingo programmieren läßt, zeigt die in diesem Kapitel vorgestellte Sammung von Routinen. In die geplante Geologie-CD soll also eine Bestellfunktion aufgenommen werden, die den Kunden auch die anderen Produkte von W&P zugänglich macht:

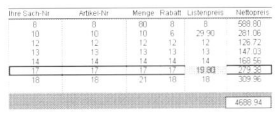

Eingebbare Rechnungstabelle mit Quersummen und Spaltensumme

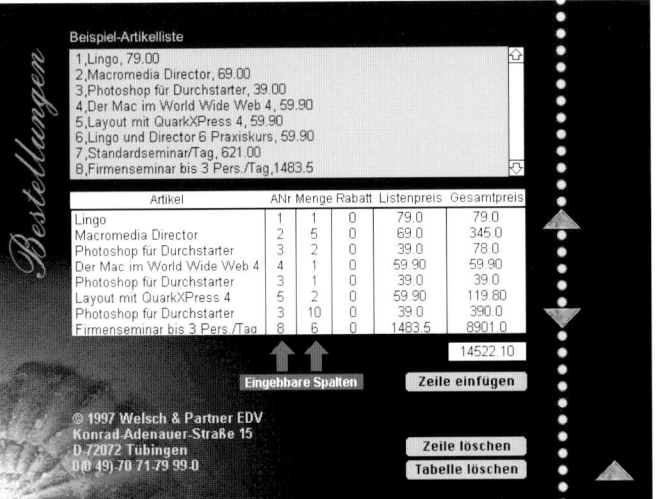

Es werden alle wichtigen Funktionen unterstützt, wie z.B.:

• Wert in Zeile/Spalte setzen
• Wert in Zeile/Spalte abfragen
• Spalte eingebbar setzen
• Zeile einfügen
• Zeile löschen
• Berechnung durchführen

Auf dem Bildschirm erscheint die Bestelliste als rollbarer Bereich mit Eingabemöglichkeiten in bestimmte Spalten. Andere Spalten werden aus den eingegebenen Daten errechnet (z.B. Gesamtpreis = Menge * Einzelpreis). Gleichzeitig wird eine automatische Summenbildung über einzelne Spalten unterstützt, so daß der gesamte Rechnungsbetrag über die einzelnen Positionen leicht zu ermitteln ist. In Kombination mit einer entsprechenden Druckfunktion (s. Kapitel 11) sollen beliebige Bestellungen abgewickelt werden können.

Tabellenroutinen anwenden

Um die in diesem Kapitel gezeigten Tabellenroutinen zu verwenden, müssen Sie zunächst entsprechende Textfelder anlegen (oder der Beispielanwendung »ScrField.DIR« entnehmen). Bei Programmstart muß die Initialisierungsroutine ❸ aufgerufen werden. Darin werden die globalen Variablen vordefiniert, deren Namen in dieser Anwendung alle mit "SF" (für **S**croll**F**ield) beginnen.

Zunächst werden dem Programm in der Listenvariablen `SFList` die Namen der Tabellen-Textfelder mitgeteilt ❹. In der Variablen `SFInput` kann durch Angabe von `0` (nicht eingebbar) oder `1` (eingebbar) festgelegt werden, in welche der Spalten später Eingaben durch den Anwender gemacht werden können ❺. Aus programmtechnischen Gründen werden für die interaktiven Eingaben nicht die normalen Tabellenspalten verwendet, sondern eigene Textfelder, die bei Bedarf über der Tabelle eingeblendet bzw. wieder unsichtbar gemacht werden. Da die Eigenschaft `width of member` für Felddarsteller nicht auf einfache Weise per Programm einstellbar ist, ist für jede Spalte eine eigene Eingabemaske vorgesehen; für sie sollte die gleiche Breite wie für die entsprechenden Tabellenspalten eingestellt werden. (Über eine in Kapitel 13 gezeigte Hilfroutine könnte die Feldbreite allerdings auf einem Umweg geändert werden, von dieser Möglichkeit wird hier aber kein Gebrauch gemacht.) Die Eingabefelder müssen zunächst in der Besetzung und im Drehbuch angelegt sein. Das Programm erwartet ihre Namen in `SFIField` ❻. Schließlich muß über eine 0 oder 1 in `SFCalc` ❼ noch festgelegt werden, welche der Felder automatisch zu berechnen sind. Wir werden auf die Definition der eigentlichen Berechnungsfunktionen weiter unten zu sprechen kommen. Ab ❽ können Sie die Kanalnummern festle-

❶

```
--© Welsch & Partner 1997
--N. Welsch
--Konrad-Adenauer-Straße 15
--72072 Tübingen
--0(049)-7071-7999-0
-- ScrollFields (nicht objektorientierte Version)
```

Prozeduren zur Verwaltung einer rollbaren zeilenorientierten Tabelle mit mehreren Spalten auf dem Bildschirm

❷

```
global SFList    -- Liste mit Feldnamen gemeinsam rollb. Texte
global SFInput   -- Liste der eingebbaren Spalten
global SFCalc    -- Markierungsliste autom. zu berechn. Spalten
global SFIField  -- Liste der Eingabefelder jeder Spalte
global SFlinH    -- Zeilenhöhe im ersten Feld (gleich für alle)
global SFScrTop  -- Anzahl der weggerollten Zeilen
global SFLines   -- Akt. Anzahl von Zeilen in den Rollfeldern
global SFField1  -- Name des ersten rollbaren Feldes
global SFFieldH  -- Höhe der rollbaren Felder in Pixeln
global SFK1      -- Kanalnummer des ersten rollbaren Feldes
global SFScrMax  -- maximal erlaubte Anzahl weggerollter Zeilen
global SFKBalken -- Kanal des Anzeigebalkens für die akt. Zeile
global SFKInput  -- Kanal des Eingabefeldes
global SFActRow  -- Aktivierte Zeile
global SFActCol  -- Aktivierte Spalte
global SFInpFNum -- Castmember-Nummer des akt. Eingabefeldes
```

❷ Globale Variablen

Es wird mit einem Textfeld pro Spalte gearbeitet, um exakte Tabulierung auch bei proportionaler Schrift zu ermöglichen. Die Namen und die Menge der Spalten kann durch Eintrag in die Liste "SFList" geändert werden. Parallel zu dieser Liste existieren Listen mit gleich vielen Einträgen für die Markierung einer Spalte als Eingabespalte und die Markierung als automatisch berechnend ("SFCalc").

❸
❹
❺
❻
❼

```
on initScrFields
  set SFList   = ["F1","F2","F3","F4","F5","F6"]
  set SFInput  = [ 1 ,  0 ,  1 ,  0 ,  1 ,  0 ]
  set SFIField = ["I1","I2","I3","I4","I5","I6"]
  set SFCalc   = [ 0,   0,   0 ,  0 ,  0 ,  1 ]
  set SFField1 =  getAt(SFList,1)
  set SFlinH = the lineheight of member SFField1
  set SFLines = the lineCount of member SFField1
  set SFActCol   = 0
  set SFActRow   = 0
```

❽

```
  set SFK1       = 1 -- Kanal für "F1"
  set SFKBalken  = 10 -- Balken
  set SFKInput   = 11 -- Eingabefeld
  set SFKUpArrow   = 7 -- Rollpfeil nach oben
  set SFKDownArrow = 8 -- Rollpfeil nach oben
end
```

❸ Initialisierung
Feldnamen der Spalten
eingebbare Felder
Feldnamen der Eingabefelder
automatisch berechnete Felder

❽ Kanalnummern festlegen

125

gen, die Sie in Ihrer konkreten Anwendung für die Tabellenfelder, das Markierungsrechteck der aktuellen Zeile, das aktive Eingabefeld und die Rollpfeile verwenden möchten.

ACHTUNG! Keine Spalte sollte zugleich berechnend und als eingebbar definiert werden!

Auf der gegenüberliegenden und den folgenden Seiten finden Sie weitere Prozeduren, die wir kurz ansprechen wollen. Es gilt die Konvention, daß Routinen, die normalerweise direkt vom Anwender aufgerufen werden, mit „SF" beginnen.

Der Umfang des Buches erlaubt es nicht, im Text auf die exakte Funktion aller Routinen einzugehen, die Kommentare in den Randspalten sollten jedoch genügend Informationen für ein Grundverständnis liefern.

Die Tabellenfunktion kann leicht an die jeweiligen Bedürfnisse angepaßt werden. Es können mehr oder weniger Spalten verwaltet werden, in jeder Spalte können theoretisch bis zu 32000 Zeichen untergebracht werden, was (abhängig von der Spaltenbreite in Zeichen) für ca. 3000 Zeilen genügen sollte. Beliebige Spalten können als eingebbar definiert, andere mit automatischen Berechnungsfunktionen ausgestattet werden. Als Anwendung kommt z.B. die Berechnung von Mehrwertsteuer in Frage. Über Spalten können auch Summationen durchgeführt werden.

Sinnvoll ist auch ein Aufbau der Spalteninformation noch vor der Anzeige der Tabelle von anderen Anwendungsteilen aus (z.B. aus einem Produktkatalog über eine „Bestellen"-Schaltfläche).

Für das Zahlenformat in den Zellen wurden im Beispiel keine konkreten Formatierungen (Dezimalzeichen, Dreiergruppierung, Nachkommastellen, Währungszeichen etc.) verwendet, um die Sache nicht zu sehr zu verkomplizieren. Es existieren Routinensammlungen, die diese Aufgabe übernehmen können.

Natürlich ist es meist erforderlich, eine auf dem Bildschirm verwaltete Tabelle auch ausdrucken zu können. Einige grundlegende Beispiele für den Druck werden Sie im nächsten Kapitel kennenlernen.

❶

```
on enterScrFields

   set SFFieldH = the height of sprite SFK1

   puppetSprite SFKBalken    ,TRUE

   puppetSprite SFKInput     ,TRUE

   set xLeft  = the left of sprite SFK1

   set yTop   = the top of sprite SFK1

   set xRight = the right of sprite (SFK1+count(SFList)-1)

   set the locH   of sprite SFKBalken to xLeft

   set the locV   of sprite SFKBalken to yTop

   set the width  of sprite SFKBalken to (xRight - xLeft)

   set the height of sprite SFKBalken to SFlinH+1

   set the height of sprite SFKInput to SFlinH+1

   set SFScrMax = max(0,(SFLines-SFFieldH/SFlinH))

   SFHideInput

   SFgoTop

   SFReCalc

end
```

❷

```
on SFgoTop

   repeat with el in SFList

      set the scrollTop of member el to 0

   end repeat

   set SFScrTop = 0

   set the visibility of sprite SFKBalken to FALSE

end
```

❸

```
on SFscrollLine dist

   set oldScrTop = the scrollTop of member getAt(SFList,1)/SFlinH

   set SFScrTop    = oldScrTop + dist

   set limit = FALSE

   if SFScrTop<0 then

      set SFScrTop = 0
```

❹

```
      puppetSound "Klick"

      set limit = TRUE

   end if

   if SFScrTop > SFScrMax then

      set SFScrTop = SFScrMax
```

❺

```
      puppetSound "Klick"

      set limit = TRUE

   end if

 repeat with el in SFList
```

❶ Aufruf bei vorhandenen Kobolden in den Kanälen (vorher muß unbedingt initScrFields aufgerufen werden!).

Die Routine ist für die eigentliche Eingabe zuständig. Hierzu wird ein besonderer Felddarsteller als Eingabefeld auf die Tabellenspalte gelegt und zusammen mit einem als Rechteckrahmen realisierten Aktivierungsbalken in der richtigen Zeile positioniert. Die Prozedur wird nicht direkt vom Anwendungsprogramm aufgerufen, sondern intern verwendet.

❷ Hochrollen an den Anfang und deaktivieren der Eingabezeile (d.h. der Kobold S F K– B a l k e n wird unsichtbar gemacht).

❸ rollt die Tabelle bis zum Anschlag um die als Parameter übergebene Anzahl von Zeilen weiter (positive Werte) oder zurück in Richtung Tabellenanfang (negative Werte). Wenn Sie der bei Anschlag ausgelöste „Klick"-Sound stört, können Sie **❹** und **❺** auch entfernen. Sie können bei Aufruf der Funktion S F s c r o l l L i – n e ( ) - Klammern nicht vergessen! - feststellen, ob noch gerollt werden konnte. Weisen Sie dazu das Funktionsergebnis (F A L S E, wenn ein Anschlag auftrat) einer Variablen zu.

127

```
       set the scrollTop of member el to SFlinH*SFScrTop
    end repeat
    return(limit)
end
```

❶ Rollen

Von der `mouseDown`-Proze-
dur eines Darstellers oder
Kobolds aufgerufen, rollt diese
Prozedur die Tabelle so lange,
wie die Maus gedrückt bleibt.

Der übergebene Parameter legt
fest, in welche Richtung und in
welchen Sprüngen gerollt wird.

❶
```
on scrollWhileDown dist
    global limit
    SFHideInput
    SFHideBalken
    set chn = the clickOn
    set P = the memberNum of sprite chn
    set the memberNum of sprite chn to  (P+1)
    updateStage
    set limit = FALSE
    repeat while (the stillDown and limit=FALSE)
        set limit = SFscrollLine(dist)
    end repeat
    set the memberNum of sprite chn to P
    if limit then puppetSound "Klick"
end
```

❷ Tabellenzeile einfügen
Die Prozedur kann mit einem
oder mit zwei Parametern aufgerufen werden.

`contList`: Liste der ein-
zutragenden Feldinhalte
`lPos`: Position, vor der die
Zeile eingefügt wird (1: Listen-
beginn, n+1: anhängen). Fehlt
die Angabe der Einfügeposition
im zweiten Parameter ❸, so
wird an der aktuellen Zeile eingefügt ❹. Ist keine aktiv, so
wird hinten an die Tabelle
angehängt ❺. Eventuell aktive
Eingabefelder werden vor dem
Einfügen inaktiviert ❻. Existieren für ein Feld keine Einträge,
wird mit Leerstrings gefüllt ❼.

❷
❸

❹

❺

❻

❼
```
on SFInsertLine conList, lPos
    if the paramCount < 2 then
        if the visibility of ¬
            sprite SFKBalken = TRUE then
            set lPos = SFActRow
        else
            set lPos = SFLines+1
        end if
    end if
    SFHideInput
    set numFields = count(SFList)
    set missing = numFields - count(conList)
    repeat while missing>0
        add conList, EMPTY
        set missing = numFields - count(conList)
    end repeat
    if lPos<1 then set lPos = 1
    if lPos>SFLines+1 then
        set lPos = SFLines + 1
    end if
```

```
    set col = 1
    repeat with el in SFList
      set cont=getAt(conList,col)
      set col = col + 1
      put cont&numToChar(13) before line lPos of field el
    end repeat
    set SFActRow  =  lPos
    checkTabLines
  end
```

❽ on SFDeleteLine lPos

❾

```
    if the paramCount = 0 then
      if the visibility of ¬
        sprite SFKBalken = TRUE then
      set lPos = SFActRow
    else
      beep
      exit
    end if
  end if
  SFHideInput
          if lPos<1 then set lPos = 1
  if lPos>SFLines+1 then
    set lPos = SFLines + 1
  end if
  set col = 1
  repeat with el in SFList
    set col = col + 1
    delete line lPos of field el
  end repeat
  checkTabLines
end
```

❿ on checkTabLines

```
  set SFLines = the lineCount of member SFField1
  set SFScrMax = max(0,(SFLines-SFFieldH/SFlinH))
  SFHideInput
end
```

❽ Tabellenzeile löschen
Die Prozedur kann mit oder
ohne Parameter aufgerufen
werden.
l P o s: Nummer der Zeile, die
gelöscht werden soll.
Wenn keine spezielle Zeile zum
Löschen angegeben ist, wird
die aktivierte Zeile gelöscht ❾;
ist keine aktiv, kann nicht
gelöscht werden.

❿ Überprüfen der Tabellen-
größe auf Veränderungen.

129

❶ Wert aus einer Tabellenzelle (Spalte/Zeile) herausholen.
c o l: Spalte
r o w: Zeile

❶
```
on SFGetField col, row
    set trgField = getAt(SFList,col)
    return (line row of the text of field trgField)
end
```

❷ Wert in eine Zelle der Tabelle eintragen.
c o l: Spalte, an der überschrieben wird
r o w: Zeile, an der überschrieben wird
c o n t: neuer Inhalt

❷
```
on SFPutField col, row, cont
    set trgField = getAt(SFList,col)
    put cont into line row of field trgField
end
```

❸ Ausblenden der Eingabemaske.

❸
```
on SFHideInput
    set the visibility of sprite SFKInput to FALSE
end
```

❹ Ausblenden des Aktivierungsbalkens.

❹
```
on SFHideBalken
    set the visibility of sprite SFKBalken to FALSE
end
```

❺ Einblenden der Eingabemaske.

❺
```
on SFShowInput
    set the visibility of sprite SFKInput to TRUE
end
```

❻ Einblenden des Aktivierungsbalkens.

❻
```
on SFShowBalken
    set the visibility of sprite SFKBalken to TRUE
end
```

❼ Mausklick auf die Tabelle verarbeiten.

m l > 0: ein Tabellenfeld wurde getroffen
m l > S F L i n e s: Zeile existiert noch nicht

❼
```
on SFMouseDownOnField
    set dy = the mouseV - the locV of sprite SFK1
    set linDy = dy / SFlinH
    set ml = 1 + SFScrTop + linDy
    if ml>0 then
      if ml > SFLines then
        beep
        exit
      end if
    end if
    SFActivateCell(the clickOn - SFK1 + 1,ml)
end
```

❽
```
on SFActivateCell col,row

  set SFActCol = col

  set SFActRow =  row

  set ml = SFActRow - SFScrTop

  if ml>0 then

    set SFFieldT = the top of sprite SFK1

    set the locV of sprite SFKBalken to (SFFieldT+(ml-1)*SFlinH)

    SFShowBalken

  end if

  if getAt(SFInput,SFActCol) then

    set spr = SFK1+SFActCol-1

    set the locH of sprite SFKInput to the locH of sprite spr

    set the locV of sprite SFKInput to ((the locV of sprite ¬

      SFKBalken) )

    updateStage

    set SFInpFNum = the number of member ¬

      getAt(SFIField,SFActCol)

    set the memberNum of sprite SFKInput to SFInpFNum

    updateStage

    set the text of field SFInpFNum = ¬

      SFGetField(SFActCol,SFActRow)

    set the editable of sprite SFKInput to TRUE

    set the selStart to 0

    set the selEnd to 1000

    SFShowInput

  else

    SFHideInput

  end if

  updateStage

end
```

❽ Bewegen des Balkens und ggf. Aktivieren einer eingebbaren Zelle.

❾
```
on SFKeyUpOnField

  SFPutField(SFActCol,SFActRow,the text of field SFInpFNum)

  set asc = charToNum(the key)

  case asc of

    30:

      if SFActCol>1 then

        SFHideInput

        SFHideBalken

        SFscrollLine -1

      else
```

❾ Loslassen einer Schreibtaste in der Eingabemaske.

Der Wert in der Eingabemaske wird sofort in die Tabelle übertragen.

```
          beep
      end if
    9,31:
      if SFActCol<SFLines then
        SFHideInput
        SFHideBalken
        SFscrollLine 1
      else
        beep
      end if
    otherwise
      SFReCalc
  end case
end
```

❶ Löschen der Tabelle.

❶
```
on SFClearTab emptyLines
  repeat with el in SFList
    set the text of member el to ""
  end repeat
  checkTabLines
  if the paramCount > 0 then
```

Optional ❷ kann durch einen Parameter festgelegt werden, wie viele Leerzeilen in der Tabelle generiert werden sollen.

❷
```
    repeat with lin = 1 to emptyLines
      SFInsertLine([])
    end repeat
  end if
end
```

❸ Aufruf der definierten Auto-Berechnungsroutinen bei Exit-Frame.

❸
```
on SFExitFrame
  set col = 1
  repeat with el in SFList
    if getAt(SFCalc,col) = 1 then
      do (the text of field getAt(SFIField,col))
    end if
    set col = col + 1
  end repeat
end
```

❹ Neuberechnung für alle Zei-len einer Tabelle aufrufen.

❹
```
on SFReCalc
  set oldRow = SFActRow
  repeat with row = 1 to SFLines
    set SFActRow = row
```

```
      SFExitFrame

    end repeat

    set SFActRow = oldRow

  end
```

❺ on calc6

```
    set C = value(SFGetField (3, SFActRow))

    set D = value(SFGetField (4, SFActRow))

    set E = value(exchange(SFGetField (5, SFActRow),",","."))

    set res = C*E*(1-(D/100.0))

    set oldDecPrec = the floatPrecision

    set the floatPrecision to 2

    SFPutField (6, SFActRow, res)

    set the floatPrecision = oldDecPrec

  end
```

❺ Berechnungsroutinen bei ExitFrame. Die Routinen können beliebig benannt sein.

Achtung:
Die Namen der Routinen müssen in die (bei berechneten Feldern nicht als solche benutzten) Eingabefelder eingetragen werden!

❻ on exchange txt, xChr, vChr

```
    set ready = FALSE

    repeat while not ready

      set pos = offset(xChr, txt)

      if pos > 0 then

        put vChr into char pos of txt

      else

        set ready = TRUE

      end if

    end repeat

    return txt

  end exchange
```

❻ Austausch eines Zeichens an allen Stellen einer Zeichenkette.

❼ on SFSumme col

```
    set ofp = the floatPrecision

    set sum = 0

    set the floatPrecision = 2

    repeat with lin = 1 to SFLines

      set x = value(exchange(SFGetField (col, lin),",","."))

      set sum = sum + x

    end repeat

    set sumTxt = string(sum)

    set the floatPrecision = ofp

    return sumTxt

  end
```

❼ Berechnen einer Spaltensumme;

floatPrecision: Einstellen der Nachkommastellen bei Berechnungen (vgl. die analoge Vorgehensweise bei itemDelimiter: Sichern des Standardwertes – eigenen Wert definieren und verwenden – Standardwert zurücklesen)

133

Druckfunktionen nutzen

11 Druckfunktionen nutzen

Professionelle Druckausgaben sind leider nicht einfach mit den eigentlichen Director-Funktionen realisierbar. Immerhin bietet das mitgelieferte XTra "`PrintOMatic Lite`" eine für mittlere Anforderungen ausreichende Lösung. Komplexe Druckfunktionen erfordern die Vollversion von PrintOMatic. In diesem Kapitel werden wir zunächst auf die allgemeinen Druckbefehle eingehen und dann eine vereinfachte mit PrintOMatic-Light realisierbare Ausgabe der Bestelliste aus Kapitel 10 vorstellen.

11.1 Drucken eines Briefes

Der primitivste mit dem XTra "`PrintOMatic_Lite`" verfügbare Druckbefehl lautet einfach `print`.

Hinter dem Befehlswort wird das auszudruckende Objekt angegeben, entweder eine direkte Zeichenkette, ein Kobold, ein Darsteller oder sogar eine ganze Besetzung (bei dieser werden alle enthaltenen Darsteller hintereinander gedruckt). Da aber bei dieser einfachsten Anwendung des XTras vor dem Druck keine weiteren Einstellungen getroffen werden können, eignet sich diese Methode nur für eine „quick & dirty"-Ausgabe. Soll ein sauber formatiertes Dokument gedruckt werden, muß ein PrintOMatic_Lite-Objekt im Speicher angelegt werden, das mit zahlreichen Befehlen manipuliert werden kann. Unter anderem unterscheidet sich die „Heavy"-Version von PrintoMatic gegenüber PrintoMatic_Lite im Befehlsumfang für diese Manipulationen. Hier kommt ausschließlich die PrintOMatic_Lite-Version zum Einsatz, da sie im Standard-Lieferumfang von Director enthalten ist.

Als erstes soll die Briefadresse direkt gedruckt werden. Testen Sie folgende Befehle nacheinander im Nachrichtenfenster:

```
set doc = new (Xtra "PrintoMatic_Lite")
setLandscapeMode doc, False
append doc, "Welsch &    Partner EDV" & RETURN
append doc,"Konrad-Adenauer-Str. 15" & RETURN
append doc RETURN
append doc,"72072  Tübingen" & RETURN
print doc
```

Hinweis: Die PrintOMatic-Befehle finden Sie nicht in der normalen Lingo-Hilfe. Sie stehen in einer eigenen OnLine-Hilfe im PrintOMatic_Lite-Ordner.

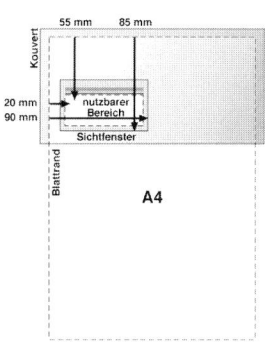

Maße zur Adressenplazierung

Ausgabe einer Adresse durch direkte Angabe von Textelementen. Die Elemente werden an das mit `new` generierte Dokument angehängt und gemeinsam mit `print doc` gedruckt.

137

PrintOMatic_Lite ruft den zuvor im System eingestellten Druckertreiber auf, zusätzliche Optionen können dann wie gewohnt im aktuellen Druckdialog eingestellt werden.

Statt die Empfängeradresse direkt im Programmcode anzugeben (die Verwendung von direkten Tests im Programm gilt in Programmiererkreisen als sehr unfein), sollte besser ein Textfeld zum Einsatz kommen, das die Adresse enthält. Legen Sie also einen einfachen Felddarsteller mit der Bezeichnung "Empfänger" an, der die Briefadresse enthält. In der Druckprozedur wird nun einfach der Darstellername des Feldes angegeben:

Verschiedene Darsteller werden in der Druckroutine zu einem Dokument zusammengefügt. RETURN-Ausgaben sorgen für den notwendigen Vorschub zur korrekten Plazierung im Anschriften-Fenster.

```
set doc = new (Xtra "PrintoOMatic_Lite")
setLandscapeMode doc, False
append doc, RETURN & RETURN & RETURN & RETURN & RETURN & RETURN
append doc, member "Empfänger"
print doc
```

Sie können die Adressen z.B. aus einer Liste möglicher Empfänger in das Feld übertragen lassen.

Indem Sie das Feld in Drehbuch als „Bearbeitbar" spezifizieren, können Sie Briefe auch problemlos an beliebige Empfänger versenden.

Auf analoge Weise lassen sich auch feste und flexible Texte in einem Dokument mischen.

In unserer Beispielapplikation finden Sie auf der Impressum-Seite eine Brief-Schaltfläche, die zum Druckfilm »GPrint.DIR« verzweigt, den Sie im Ordner »Kap_11« finden. Der Druckfilm ist allerdings auch einzeln lauffähig. Er erlaubt den Ausdruck eines Briefes an Welsch & Partner EDV. Wenn Sie den Film aus der Beispielanwendung heraus aufrufen und zuvor auf der Vorgabenseite (siehe Kap. 5.2) Ihren Namen und Ihre Adresse eingegeben haben, werden diese Daten bereits als Absender vorgegeben, andernfalls müssen Sie diese im vorgesehenen Feld noch ergänzen.

Rückmeldungen

Bitte nutzen Sie die Druckfunktion ausgiebig, wir sind für Anregungen und Rückmeldungen unserer Leser immer dankbar.

Übrigens: Soll die Druckfunktion auch in einem Projektor funktionieren, so muß auf der gleichen Verzeichnisebene auf dem sich der Projektor befindet, auch ein Ordner mit der Bezeichnung "XTras" existieren, in dem eine Kopie von PrintOMatic_Light enthalten ist.

11.2 Drucken einer Bestelliste

Für viele Anwendungen, insbesondere auch für die im vorherigen Kapitel behandelte Tabellenfunktion, sind komplexe Druckfunktionen erforderlich. Wenn Sie das erste Mal eine Routine dieser Art schreiben, sollten Sie dafür einige Arbeitstage einplanen. Da viele Leser nicht über die Vollversion von PrintOMatic verfügen werden, sollen hier nur einige Lösungen andiskutiert werden.

Die hauptsächliche Einschränkung von PrintOMatic_Lite gegenüber der Vollversion ist die Tatsache, daß ein ausgegebenes Objekt nicht frei auf der Seite plazierbar ist. Genau das wäre aber für die Druckausgabe einer Bestelliste, die ja aus einzelnen, nebeneinander stehenden Spalten besteht, eigentlich erforderlich.

Man kann sich in diesem Fall allerdings behelfen, wenn man auf eine nichtproportionale Schrift im Ausdruck verzichtet. In diesem Fall kann man eine Zeile nach der anderen zusammensetzen. Man liest nacheinander alle Spalten aus der Tabelle und füllt jeden Wert auf eine feste Anzahl von Leerzeichen auf. Die so normierten Textketten werden zu einer kompletten Zeile zusammengesetzt und zusammen mit einem RETURN nacheinander ausgegeben.

> Bei Proportionalschriften (fast alle außer Courier und Monaco) haben nicht alle Zeichen die gleiche Breite.

Mit der Vollversion von PrintOMatic läßt sich jeder auszugebene Text problemlos mit dem Befehl **d r a w T e x t** auf dem Blatt plazieren.

Was Druckroutinen im Normalfall kompliziert macht (übrigens nicht nur in Lingo!), sind besondere Rahmenbedingungen, die in der Praxis fast immer vorkommen. Typische Beispiele für solche Anforderungen aus der Praxis sind:

- Es müssen auch mehrseitige Listen gedruckt werden können.

- Seitenzahlen müssen in besonderer Weise verwaltet werden.

- Einzelne Seiten sollen getrennt nachgedruckt werden können.

- Auf jeder neuen Seite muß sich ein Tabellenkopf wiederholen.

- Ein Datum oder eine Rechnungsnummer muß auf jeder Seite ausgegeben werden.

- Zwischensummen sind zu errechnen und auszugeben.

- Elemente müssen aufgrund errechneter Werte angebracht werden (z. B. „Sonderkonditionen ab Bestellwert ...").

- Nach der letzten Zeile einer Tabelle muß eine Summenzeile stehen.

- Bemerkungen wie „1. Mahnung" müssen an bestimmten Stellen mit aufgedruckt werden.

- Nach der letzten Zeile müssen Grußfloskeln erscheinen wie etwa „Wir danken für Ihren Auftrag".

- Es werden Fußzeilen erforderlich, die unten gedruckt werden, auch wenn die Seite nicht voll wird.

- Für die erste Seite sollen Sonderregelungen gelten.

- Grafiken sollen an verschiedenen Stellen erscheinen.

- Bestimmte Elemente müssen immer zusammen auf einer Seite erscheinen.

Besonders aufwendig wird es dann, wenn nicht alle Zeilen gleich hoch sind. Dies passiert oft, wenn der Text einer Tabelle mehrzeilig werden kann oder aber wenn unterschiedlich große Grafikelemente zu einer Zeile gehören können. Richtig aufwendig wird die Sache dann, wenn die Zeilen nicht nur ein Vielfaches der normalen Zeilenhöhe, sondern jede beliebige Höhe haben können und gleichzeitig sichergestellt werden muß, daß bestimmte Elemente (etwa die letzte Bestellzeile, die Summenzeile und eine Abschlußbemerkung) immer zusammen umbrochen werden.

In diesen Fällen ist es äußerst schwierig, manchmal sogar unmöglich, den Umbruch so zu verwalten daß alle Randbedingungen erfüllt sind ist, ohne dabei halbleere Seiten und andere unerwünschte Formatierungen in Kauf zu nehmen.

Manchmal muß bei solchen Problemfällen zunächst die gesamte Druckausgabe durch Simulation in eine interne Datenstruktur (Text oder Liste) erfolgen, und die Seitenumbrüche werden erst durch eine Analyse derselben festgelegt. Erst im zweiten Schritt geschieht dann die tatsächliche Druckausgabe.

Für den Zeitaufwand, den Druckroutinen beanspruchen, sollte man auch bedenken, daß Fehler an dieser Stelle besonders wenig toleriert werden. Eine kleine Abweichung von der Spezifikation wird ein Kunde am Bildschirm vielleicht noch hinnehmen – was jedoch schwarz auf weiß gedruckt ist und in Händen gehalten werden kann, das muß perfekt sein.

Hierzu kommt noch, daß für den Druck besonders viele Komponenten reibungslos zusammenarbeiten müssen (siehe Randspalte).

Der Test muß daher noch sorgfältiger als sonst durchgeführt werden. Arbeiten Sie mit verschiedenen Eingabedaten und vor allem: Testen Sie auf verschiedenen Betriebssystemen, mit unterschiedlichen Rechnern und mit verschiedenen Druckern! Testen Sie auch was passiert, wenn die optimalen Bedingungen nicht erfüllt sind.

Besondere Fallstricke, nach denen Sie Ausschau halten sollten, sind dabei:

- Verhalten bei extremen Daten (besonders lange Texte; sehr große, sehr kleine, negative Zahlen)

- Verhalten beim Druck von Vektorgrafiken (Windows stürzt dabei häufig ab!)

- Verhalten auf Postscript-Druckern

- Verhalten auf Nicht-Postscript-Druckern (insbesondere bei Speichermangel)

Folgende wichtige Komponenten müssen für einen sauberen Druck zusammenarbeiten:

- Ihre Daten
- Ihr Programm
- Director und Lingo
- Das PrintOMatic-XTra
- Das Betriebssystem
- Die Zeichensätze
- Der Druckertreiber
- Die Druckerhardware

- Ist sichergestellt, daß die benötigten Zeichensätze auf dem Zielsystem vorhanden sind (wenn nicht, verwenden Sie Bitmaps!)?

Bitte haben Sie Verständnis, daß wir diese Problematik in einem allgemein verständlichen Buch nur grob umreißen können. Wenn Sie selbst Druckroutinen programmieren wollen, so empfehlen wir, sie bereits in der Spezifikation so weit wie gerade noch akzeptabel zu vereinfachen.

Update aus dem Internet

12 Update aus dem Internet

Immer häufiger wird von Kunden erwartet, daß eine Multimedia-Applikation die Vorteile der CD-ROM mit der Aktualität des Internet kombiniert. Man spricht hier oft von einer Hybrid-CD-ROM. Gemeint ist damit in diesem Falle also nicht das Vorhandensein der Dateisysteme für Macintosh (HFS) und Windows (ISO 9660) auf derselben CD-ROM, sondern die Online/Offline-Kopplung.

Die neuesten Informationen werden abrufbereit auf einen Server abgelegt, so daß jederzeit mit den Programmen der Hybrid-CD-ROM über eine bestehende Internetverbindung (TCP/IP-Protokoll) auf zusätzliche Daten zugegriffen werden kann. Im Vergleich zu reinen Online-Produktionen kann eine Hybrid-Lösung die volle Speicherkapazität der CD-ROM von ca. 650 Megabyte nutzen. Moderne CD-ROM-Laufwerke erreichen Datendurchsatzraten von mehr als 2 MByte/s gegenüber nur wenigen Kilobyte pro Sekunde bei den Online-Anbindungen. Verbunden mit dem aktuellen, aber deutlich dünneren Datenrinnsal aus dem Internet entstehen hochinteressante Anwendungen. Aktualität und Erweiterbarkeit stellen den hauptsächlichen Zusatznutzen dar, mit dem wir uns auch hier beschäftigen werden. Hinzu kommen manchmal Feedback-Mechanismen und Möglichkeiten für die Zusammenarbeit mehrerer Nutzer über das Netz. Will man dem Anwender das manuelle Herunterladen neuer Daten mittels FTP oder anderen Transportprotokollen ersparen (heute ein Muß!), so sollte jede Aktualisierung direkt von der in Director erstellten Applikation aus gesteuert werden können.

Das ist im Prinzip kein Hexenwerk, aber der Teufel steckt auch hier im Detail. Relativ leicht läßt sich ein Update kompletter externer Besetzungsdateien aus dem Internet durchführen, die danach offline genutzt werden können.

Natürlich müssen die entsprechenden Teile einer normalerweise auf CD-ROM ausgelieferten Anwendung dazu zunächst auf einem beschreibbaren Datenträger wie der Festplatte installiert werden. Auch in der Beispielanwendung für dieses Kapitel wird automatisch eine Installation auf der Festplatte durchgeführt. Informationen zu diesem Installationsprozeß und zu einigen alternativen Möglichkeiten für die Installation finden Sie in Kapitel 14.

Bitte beachten Sie:

Sie benötigen für die Übungen in diesem Kapitel eine Director-Version ab 6.0.
Unter Director 5 sind analoge Funktionen nur mit einem XTra wie XTraNet oder einem ähnlichen Produkt verfügbar.

Für die Übungen in diesem Kapitel benötigen Sie weiterhin das XTra OSUtil, das Sie als Shareware kostenlos von der Macromedia-Seite im Internet (http://www.macromedia.com) herunterladen können.

Für die Benutzung in einem Projektor müssen Sie das XTra zuvor gegen eine Lizenzgebühr freischalten lassen.

Achtung!
Zum Zeitpunkt der Drucklegung war OSUtil für Windows-Systeme noch nicht in endgültiger Fassung verfügbar.

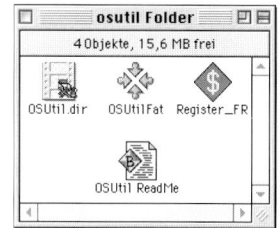

Das XTra OSUtil

Net-Aware-Projektoren

Um Zugriff auf Daten aus dem Internet zu erhalten, braucht man in der Tat nicht viel mehr als Director 6. (Wer noch mit der Version 5 arbeitet, benötigt zudem die Erweiterung „XTraNet".) Mit Director 6 lassen sich sogenannte „net aware"-Projektoren (NAPs) erstellen, die vollen Zugriff auf die im WWW verfügbaren Informationen haben und auch schreibend auf das Dateisystem des eigenen Rechners zugreifen können. Zweiteres ist keineswegs selbstverständlich, da gerade die Dateifunktionen in Shockwave (Directors Technologie zur Herstellung von Browser-Applets) aus Sicherheitsgründen ähnlich wie bei Java gesperrt sind. Wäre das nicht so, könnte potentiell bereits das Aufrufen einer unbekannten HTML-Seite zum Löschen der eigenen Festplatte führen.

Wir werden nun das Vorgehen für die Aktualisierung von Daten aus dem Internet zunächst an einer kleinen, von unserem Geologie-Beispiel unabhängigen Anwendung betrachten.

12.1 Simulation des Netzzugriffs

Für die Entwicklung von Multimedia-Programmen, die eine Aktualisierung von Daten über das Internet zulassen, ist es normalerweise immer sinnvoll, eine lokale Testumgebung einzurichten. Dabei wird der Internet-Zugriff entweder auf dem eigenen Rechner (über das im Macintosh OS8 integrierte Web-Sharing) simuliert, oder aber ein anderer Rechner im lokalen Netzwerk (verbunden über LocalTalk oder AppleTalk) wird über MacHTTP oder eine ähnliche Server-Applikation als Intranet-Server eingerichtet. Wie das funktioniert ist in Lit. [6] näher erläutert. Somit fallen während der ganzen Entwicklung keine Online-Kosten und Telefongebühren an, und die auf dem Server bereitgestellten Dateien lassen sich schneller versuchsweise austauschen. Erst der Abschlußtest wird im echten Internet mit Zugriff auf einen Web-Server durchgeführt.

12.2 Textupdates

Bei der Aktualisierung von Anwendungen kann man zwischen verschiedenen Fällen unterscheiden. Im einfachsten Fall benötigt eine Anwendung relativ wenig aktuelle Information, die in vielen Fällen sogar als reine Textdatei abgelegt werden kann. Ein Anwen-

146

dungsbeispiel wäre etwa eine Katalog-CD-ROM mit fixer Artikel-
liste aber aktualisierbaren Preisen.

Man verwendet einen Lingo-Befehl wie

```
set connectionID = GetNetText("http://192.0.1.2/test.txt")
```

mit der korrekten URL, um den asynchron laufenden Download-
Prozeß zu starten. Über die Funktion netDone(connectionID) wird
nun in gewissen Abständen überprüft, ob der Prozeß beendet
wurde. Ist dies der Fall, prüft netError(connectionID), ob die Ladeoperation zu einem gültigen Ergebnis geführt hat. Den eigentlichen Text erhält man dann durch Aufruf von

```
set erg = netTextResult(connectionID)
```

Siehe hierzu auch Lit.[2, S. 187]. Der Ergebnistext kann von einem
NAP mit den FileIO-Routinen (Lit. [2, S.213]) (beachten Sie auch
Kapitel 14.3.3 im vorliegenden Buch) auf die Festplatte übertragen oder direkt im Programm verwendet werden. Hier soll nun
aber auf den allgemeineren Fall des Herunterladens ganzer Besetzungsdateien eingegangen werden.

12.3 Ersetzen kompletter Besetzungsdateien

Die in Director 6 verfügbaren Befehle wie `DownLoadNet-
Thing` erlauben es relativ einfach, auch andere als Textdateien
von einem Server im Internet oder Intranet auf eine lokale Festplatte zu übertragen. Im Test verwendeten wir den schon etwas
betagten MacHTTP-Server, Sie können aber natürlich jede beliebige Serversoftware benutzen.

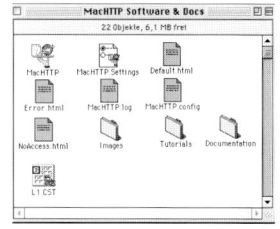

Wenn der Server Dateien eines bestimmten Typs verarbeiten soll,
muß er entsprechend konfiguriert werden. Abhängig vom verwendeten Serverprogramm werden die notwendigen Einstellungen etwas verschieden getroffen. In unserem Fall muß eine Ein-

tragung der folgenden Form in die Datei MacHTTP.config aufgenommen werden:

```
BINARY .CST MC97 MD97 application/x-director
```

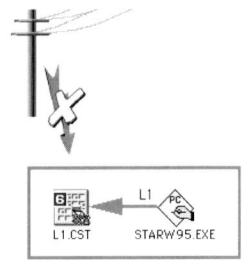

Dateien, die bereits von einer Anwendung im Schreib-/Lesemodus geöffnet sind, unterliegen einem Schreibschutz.

Die Unterlagen zu dem von Ihnen verwendeten Serverprogramm geben hierüber normalerweise Auskunft. Weitere Information finden Sie auch in Lit. [4].

Es wäre relativ einfach, nur Dateien herunterzuladen, diese dann manuell an die richtige Stelle zu kopieren und damit in Benutzung zu nehmen. Problematischer wird die Sache aber dann, wenn sich die CastLib-Dateien, die ausgetauscht werden sollen, gerade im Film in Verwendung befinden und direkt von den neuen Informationen überschrieben werden sollen. Das Dateisystem erlaubt nämlich dem Netzwerk-Download-Prozeß nicht, Dateien so einfach zu überschreiben, die bereits für den Schreib-/Lesezugriff von Director aus geöffnet sind.

Nur bei geschicktem Vorgehen ist es möglich, sogar Besetzungen auszutauschen, während ein Programm gerade Darsteller aus diesen Besetzungen anzeigt oder sonstwie verwendet.

Ein Lexikon, das sich während des Lesens auf dem Bildschirm automatisch aktualisiert, ist aber schon eine tolle Sache! Dabei müssen die jeweiligen Schreib-/Leserechte sorgfältig beachtet werden. Weiterhin muß Vorsorge getroffen werden für eventuelle Unterbrechungen der Verbindung während des Ladeprozesses und für auftretende Rechnerabstürze. In solchen Fällen muß die Integrität der Anwendung automatisch wiederhergestellt werden können (man bezeichnet so etwas als Transaktionsmanagement).

Um gerade benutzte Dateien gegen ihre neuere Version austauschen zu können, muß etwas komplizierter vorgegangen werden:

Jede externe CastLib in Director hat einen internen und einen externen Namen. Der interne Name dient der Identifikation der Bibliothek und ihrer Inhalte innerhalb von Director, der externe Name bezeichnet die physikalische Datei, die tatsächlich zum Einsatz kommt, wenn in Director der interne Name angesprochen wird. Das kann man sich zunutze machen, um Director eine falsche Besetzung, nämlich ein Duplikat der ersten, quasi unbemerkt unterzuschieben. Wir benennen das Duplikat mit der Endung „.tmp". Für das Duplizieren selbst kann z.B. der Lingo-Befehl save castlib verwendet werden, oder aber es wird auf ein XTra wie „OSUtil" zurückgegriffen. Der Befehl zum Umschalten der aktuell für eine CastLib verwendeten Datei lautet set the fileName of castLib. Wenn für das Herstellen des Duplikats das Kommando save castLib verwendet wird, kann letzterer Befehl sogar entfallen; nach dem save castLib wird bereits automatisch das Duplikat weiterverwendet.

Zunächst wird in einer Initialisierungsroutine (s.u.) der Besetzungsname (hier "L1") vordefiniert. Auf dem Update-Startknopf (alternativ auch automatisch beim Eintritt in einen Film oder Programmzweig) wird der Vorgang ausgelöst.

```
on mouseUp
   StartDLNetThingProcess
end
```

```
on StartDLNetThingProcess
   global libName, URL, connectionID, DLTime
   clearcache
   save castLib libName,the pathName & libName & ".TMP"
   set connectionID = DownLoadNetThing(URL & libName & ".CST", ¬
     the pathName & libName & ".CST")
   set DLTime = the ticks
end
```

Durch diesen Trick ist die ursprüngliche CastLib nicht mehr im Schreib-/Lesemodus geöffnet und kann daher einfach überschrieben werden. Währenddessen werden im Film vorerst die Darsteller aus dem Duplikat angezeigt bzw. verwendet.

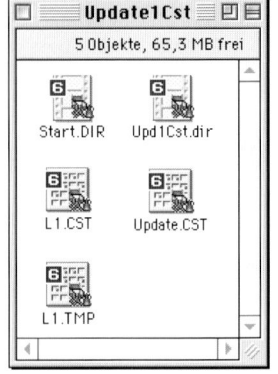

Zustand auf der Festplatte während des Update-Vorgangs

An passender Stelle im Film (z. B. in einer immer wieder über TimeOut aufgerufenen Prozedur oder auch einfach in der exit-Frame-Schleife eines Programmzweigs) wird regelmäßig kontrolliert, ob der Ladeprozeß erfolgreich abgeschlossen ist.

```
on exitFrame
    CheckProcessDone
    go to the frame
end
```

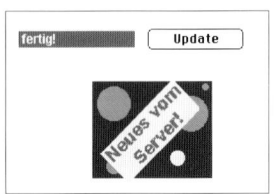

Der Darsteller aus "L1" wird sofort korrekt angezeigt, nachdem die neue Besetzung in Betrieb genommen ist.

Aufgerufen wird die folgende nebenstehende Routine ❶. Nach dem Ende des Ladeprozesses (feststellbar über die Funktion NetDone()❷, spätestens aber nach einem festgelegten Time-Out-Zeitraum) wird über das weitere Vorgehen entschieden. Ein Abbruch nach festgelegter Zeit ist im Beispiel aus Gründen der Übersichtlichkeit nicht realisiert, Sie sollten diesen Zusatz aber möglichst einbauen. Wird der Ladevorgang innerhalb des festgelegten maximalen Ladezeitraums beendet, so muß über die Funktion NetError()❸ überprüft werden, ob dabei ein Fehler auftrat. Ist dies nicht der Fall, so wird die neu heruntergeladene Datei wieder über set the fileName of castLib❹ in Betrieb genommen und das inzwischen überflüssig gewordene Duplikat gelöscht ❺. Die Routine setFileType❻ kann beim Macintosh erforderlich sein, um die Datei auch im Finder korrekt anzuzeigen, sie ist aber für die Funktion selbst nicht nötig und daher auskommentiert.

Achtung! Bei Verwendung einer TimeOut-Prozedur zum Check-ProcessDone-Aufruf läuft das Programm im Prinzip zwar während des Ladeprozesses ungestört weiter, Störungen können aber sehr wohl auftreten, wenn dadurch globale Zustände (z.B. Variablen) ihre Gültigkeit verlieren (etwa die zuvor ermittelte Anzahl von Darstellern in der Besetzung)!

Ist der vorgesehene maximale Ladezeitraum überschritten oder meldet die nach Abschluß der Ladeoperation aufgerufene Funktion NetError()❸ eine nicht erfolgreiche Übertragung, so muß natürlich der Ausgangszustand wiederhergestellt werden ❼, um auf der Festplatte keinen inkonsistenten Zustand zu hinterlassen.

❶
```
on CheckProcessDone
   global libName, connectionID, DLTime, Mes
   if connectionID > -1 then
```
❷
```
      if NetDone(connectionID) then
```
❸
```
         if NetError(connectionID) = "OK" then
            put "fertig!" into field "Message"
            set connectionID = -1
            put (the ticks - DLTime)/60.0
            -- mit dem neu heruntergeladenen ".CST" weiterarbeiten
```
❹
```
            set the filename of castLib libName to the pathName & libName & ".CST"
```
❺
```
            OSDelete the pathName & libName & ".TMP"
```
❻
```
            -- setFileType(the pathName & libName & ".CST","MC97","MD97")
         else
```
❼
```
            netAbort(connectionID)
            set connectionID = -1
            put "Fehler!" into field "Message"
            beep
            -- alten Zustand wiederherstellen
            OSDelete the pathName & libName & ".CST"
            save castLib libName,the pathName & libName & ".CST"
            OSDelete the pathName & libName & ".TMP"
            put " " into field "Message"
         end if
      else
         -- blinken während der Ladevorgang läuft
         if the text of field "Message" = Mes then
            put " " into field "Message"
         else
            put Mes into field "Message"
         end if
      end if
   end if
end
```

151

12.4 Was passiert bei einem Programmabsturz?

Soll das Verfahren auch bei Abstürzen oder Stromausfällen sicher sein, müssen wir auch für diesen Fall Vorkehrungen treffen. Dies kann natürlich nur bedeuten, daß bei jedem Start des Programms die Situation auf der Festplatte überprüft wird. Wie ist ein Absturz zu erkennen? Ganz einfach! Es bleibt eine Datei mit der Bezeichnung „.TMP" im Ordner stehen.

Eine beim Starten der Applikation aufgerufene Routine (**CheckCrash** ❶) testet zunächst mit Hilfe einer speziellen Hilfsfunktion (**ExistsFileInFolder()** ❷), ob eine Datei mit der Endung „.TMP" von einem abgebrochenen Update-Versuch zurückgeblieben ist.

Wird eine solche Datei gefunden, so muß der Originalzustand wiederhergestellt werden, da der Update nicht vollständig ausgeführt wurde.

Dazu wird die vermutlich fehlerhafte Datei „.CST" gelöscht ❸, falls sie bereits existiert. Die vorgefundene „.TMP"-Datei wird umbenannt in „.CST" ❹. Für diese Operationen ist allerdings die Anwendung des XTras "OSUtil" unumgänglich, da Lingo leider weder über Rename- noch über Delete-Operationen für Dateien verfügt.

Achtung! Diese Aufräumungsarbeiten müssen durch einen getrennten Vorfilm ausgeführt werden (**Start.DIR**), der die externen Besetzungen selbst noch nicht benutzt, ansonsten würden bereits beim Laden des Films Meldungen über fehlende Cast-Libs auftreten.

Damit das Programm vollständig wird, sind noch einige kleinere Routinen notwendig. Sie dienen der Initialisierung des Vorfilms **Start.DIR** bzw. des Hauptfilms **Upd1CST.DIR** (s.u.):

Die Initialisierungen des Startfilms muß bei **startMovie** aufgerufen werden.

```
on initStartMovie
    global libName
    set libName = "L1"
end
```

❶
```
on CheckCrash
  global gCastNames
```
❷
```
  if ExistsFileInFolder(the pathName,"L1.TMP") then
    -- Schrott beseitigen
```
❸
```
    OSDelete the pathname & "L1.CST"
    -- Wiederherstellen des alten Dateinamens
```
❹
```
    OSRename the pathname & "L1.TMP","L1.CST"
  end if
end
```

❺
```
on ExistsFileInFolder p,chkNames
  set found = FALSE
  set oldItemDelimiter = the itemDelimiter
  set the itemDelimiter = ","
  set n = the number of items of chkNames
  repeat with i = 1 to n
    set chkFile = item i of chkNames
    set fn = "x"
    set f = 1
    repeat while fn <> ""
      set fn = getNthFileNameInFolder(p,f)
      set f = f + 1
      if fn = chkFile then
        set found = TRUE
        exit repeat -- innere Schleife abbrechen
      end if
    end repeat
    if found then   -- äußere Schleife
      exit repeat   -- kann auch abgebrochen werden
    end if
  end repeat
  set the itemDelimiter = oldItemDelimiter
  return found
end
```

153

Initialisierungen des Update-
Films

```
on initCastUpdate
  global URL, Mes, libName
  -- die Initialisierung von libName muß auch erfolgen
  -- falls der Startfilm nicht vorher abgelaufen ist:
  initStartMovie
  set URL = "http://192.0.1.2/"  -- URL des Servers
  set Mes = "Ladeprozess läuft"
  put " " into field "Message"
end
```

Der Apple Macintosh erkennt den Dateityp nicht an der Endung wie Windows, sondern mit Hilfe einer unsichtbaren Ressource-Fork in der Datei. Damit die Besetzungen auch mit dem richtigen Icon auf dem Schreibtisch erscheinen, sollte der Typ als Director-Cast definiert werden:

L1.CST   L1.CST

```
on setFileType filePathName, DocType, ProgType
  if the machineType <> 256 then
    OSSetFileInfo (filePathName, DocType, ProgType)
  end if
end
```

Besetzungen mit den richtigen
Icons versehen

12.5 Wie verwaltet man mehr als eine Besetzung?

Sind mehrere CastLibs über das Internet auf neuen Stand zu bringen, treten noch mehr Verwaltungsprobleme auf. Ein Update ist eine zusammengehörende Menge von Aktionen, die nur entweder ganz oder gar nicht durchgeführt werden dürfen. Alle eventuell aufgetretenen Zwischenzustände sind potentiell inkonsistent und müssen vermieden werden. Beispielsweise könnte bei einer Verwendung in der Geologie-Beispielanwendung mit Bildern und Texten die Zuordnung zwischen zusammengehörenden Darstellern verlorengehen. In der EDV spricht man in solchen Fällen von der Notwendigkeit eines **Transaktionsmanagement**s. Auch die im vorherigen Unterkapitel gezeigte Aufräumaktion fällt eigentlich bereits unter dieses Thema und stellt eine gute Vorbereitung für die nun notwendigen Aktionen dar.

Transaktionsmanagement

Was ist zu tun? Zunächst macht man sich klar, welcher Zustand auf der Festplatte verbleibt, wenn der Update zu einem beliebigen Zeitpunkt unterbrochen wird. Schnell wird deutlich, daß alle CastLibs in ihrer ursprünglichen Form (als „.tmp") erhalten bleiben müssen, bis die neuen Versionen komplett heruntergeladen worden sind. Nur dann wird auf die Benutzung der neuen Versionen umgeschaltet, und die Zwischendateien können schließlich gelöscht werden.

Statt sich bei der Beurteilung, ob ein Absturz einen Transaktionsabbruch verursacht, auf die Zwischendateien „.tmp" zu verlassen, kann man auch einfach zu Beginn der Transaktion eine neue Datei auf der Platte anlegen und nach Abschluß der Transaktion wieder löschen. Findet das Programm bei seinem Start diese Datei vor, so wurde die Transaktion offensichtlich unterbrochen und die Aktionen, die bereits stattgefunden haben, müssen zurückgenommen werden. Der Inhalt der angelegten Datei ist dabei völlig unwichtig, lediglich ihre reine Existenz trägt das eine Bit an Information, das für die Verwaltung der Transaktion von Bedeutung ist. Man nennt eine solche Datei eine **Semaphore**.

Der eigentliche Update läuft bei mehreren Besetzungen im Prinzip genauso ab, wie wir es in Kapitel 12.3 für eine externe Cast-Lib gesehen haben. Aus Platzgründen soll hier nur noch angedeutet werden, was dabei über das bereits gesagte hinaus zu beachten ist. Näheres entnehmen Sie bitte den Beispieldateien auf der CD (»UpdNCast.Dir«).

Zunächst müssen natürlich mehrere Besetzungsnamen verwaltet werden. Die bisherige Textvariable libName wird also zu einer Liste mutieren müssen. An den meisten Stellen, an denen bisher eine Aktion mit einer Besetzung durchgeführt wurde, taucht nun eine repeat-Schleife über alle Dateien der Besetzung auf.

Eine Ausnahme bildet aufgrund ihrer Besonderheit als asynchron aufgerufene Routine die Prozedur checkProcessDone. Hier wird die neue globale Variable gLoadingLib als Zeiger auf einen der Namen in der Liste libName verwendet. Die Variable gLoadingLib wird bei jeder Fertigstellung einer Besetzung entsprechend weitergestellt, bis alle erforderlichen Dateien heruntergeladen sind.

12.6 Inkrementeller Update

Interessant ist auch noch die Überlegung, ob man denn immer eine komplette Besetzung herunterladen muß. Angesichts der Übertragungszeiten durch das Nadelöhr Internet eine durchaus relevante Frage.

Natürlich lassen sich auch hier elegante Lösungen finden. Es ist möglich, ergänzende Besetzungen zu bereits auf der Festplatte vorhandenen aus dem Internet zu übertragen. Sind die neuen Daten komplett angekommen, so kann man die Besetzungen vereinigen, indem man in einer Schleife Darsteller für Darsteller aus den neuen in die alten CastLibs kopiert.

Selbsverständlich müssen hier die gleichen Vorsichtsmaßnahmen getroffen werden, die wir bereits bei der Aktualisierung aus dem Netz kennengelernt haben. Immer muß davon ausgegangen werden, daß der Prozeß des Zusammenkopierens oder des Umbenennens bzw. Kopierens einer Datei infolge unvorhergesehener Ereignisse zu einem beliebigen Zeitpunkt abbrechen kann.

Es ist die Hohe Schule der Programmierung, hier keinerlei Schlupflöcher für Katastrophen zum falschen Zeitpunkt zu lassen.

Utilities

13 Utilities

Hier werden einige allgemein einsetzbare Utilities vorgestellt und an verschiedenen Stellen der Applikation eingebaut.

13.1 Mauszeiger verändern

Eine kleine Cursor-Bibliothek erleichtert die Umschaltung des Mauszeigers in verschiedenen Programmsituationen.

0	kein Cursor
-1	Pfeil-Cursor
1	Einfügemarke
2	Zielvisier-Cursor
3	Kreuz-Cursor
4	Uhr-Cursor
200	kein Cursor

Der Cursor-Befehl von Lingo tritt in zwei Varianten auf. Die erste Variante schaltet einfach den aktuellen Cursor um. Dieser verbleibt im umgeschalteten Zustand, bis explizit oder implizit ein entsprechender Gegenbefehl gegeben wird:

```
cursor cur
```

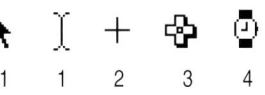

| -1 | 1 | 2 | 3 | 4 |

Die Director-Standardcursors

Die zweite Befehlsvariante wirkt etwas diffiziler: sie ordnet einem Kobold bis auf weiteres einen Cursor direkt zu. Dieser wird von Director automatisch immer dann eingestellt, wenn sich der Mauszeiger über dem Kobold befindet. Der entsprechende Befehl lautet:

```
set the cursor of sprite chn to cur
```

Beide Befehlsvarianten verlangen die Angabe des gewünschten Cursors. Auch für diese Angabe (**c u r**) kommen zwei Varianten in Frage:

Um einen der Standard-Cursors zu verwenden, muß hier lediglich die passende Zahl (siehe Randspalte) eingesetzt werden. Sie finden eine Beispieldatei hierzu unter »Kap_13:Cursor1.DIR«.

Die interessantere zweite Möglichkeit, mit der ein Cursor frei definiert werden kann, verlangt die Angabe einer Liste, die die Nummern der Bitmap-Darsteller enthält. Dazu genügt nämlich normalerweise nicht eine einzige Bitmap, sondern es werden zwei benötigt. Die erste Bitmap gibt wie zu erwarten das Aussehen des

Cursors wieder. Die zweite Bitmap wird als Maske bezeichnet. Die schwarzen Bildpunkte der zweiten Bitmap bestimmen, an welchen Stellen der Cursor später opak werden soll, d.h., an welchen Stellen er direkt abgebildet wird. Wird hier ein um einen Pixel größerer Darsteller verwendet, so erhält der Cursor später einen weißen Rand. Weiße Pixel in der Maske bewirken hingegen, daß der Cursor an seinen weißen Stellen transparent wird und an seinen schwarzen Stellen den Bildhintergrund invertiert. Wichtig ist, daß es sich dabei tatsächlich um 1-Bit-Darsteller handeln muß, sonst funktioniert die Sache nicht.

Sie sollten sich nicht dazu verleiten lassen, feste Nummern für die Cursordarsteller zu verwenden, da diese sich bei jeder Umorganisation der Besetzung ändern können und dann mit Sicherheit Probleme bereiten. Andererseits kann eine Namensreferenz an jeder Stelle der Anwendung unbequem lang sein und auch zu Laufzeitproblemen führen:

Ungünstig:

```
cursor [10,11]
cursor [the number of member "CurPict",the number of member "CurMask"]
```

Der bessere Weg führt über die Definition einer globalen Variablen für die Liste (die an dieser Stelle natürlich eine Konstante ist). Dabei wird nur vorausgesetzt, daß die Cursormaske immer im Besetzungsfenster direkt nach dem Cursorbild untergebracht ist. Die Variable wird einmal bei der Initialisierung des Programms definiert durch:

```
global HAND
```

```
set mH = the number of member "CurPict"
set HAND = [mH,mH+1]
```

160

An allen Stellen, an denen der Cursor verwendet werden soll, lautet der Befehl jetzt einfach:

```
cursor HAND
```

Passende Cursordefinitionen für viele Anwendungsfälle stehen auf der Übungs-CD-ROM im Dokument »CurSW.CST« zur Verfügung.

Eine Beispielanwendung für eigendefinierte Cursors finden Sie unter »Kap_13:Cursor2.DIR«. Eine weiteres Beispiel »Kap_13: Cursor3.DIR« zeigt, wie Sie einen Cursor bei Drücken der Maustaste ändern können, z.B. um eine zugreifende Hand zu simulieren.

Statten Sie nun bitte als kleine Übung das Hauptmenü der Beispielanwendung mit einer Cursorumschaltung aus. Der Cursor soll auf eine Zeigehand wechseln, wenn sich der Mauszeiger über einem anklickbaren Menüpunkt befindet.

13.2 Wie macht man einen farbigen Mauszeiger?

Die Frage nach der Möglichkeit eines farbigen Cursors in Director wird immer wieder gestellt. Director sieht von sich aus tatsächlich nur einen schwarzweißen Cursor vor, der sich, wie wir auf den letzten Seiten gezeigt haben, sehr einfach umschalten und verwalten läßt.

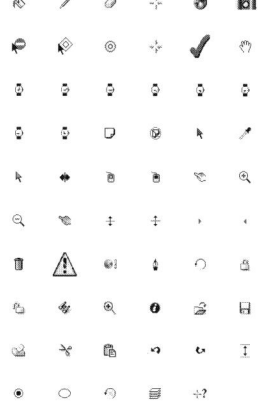

Auch farbige Mauszeiger können jedoch über einfache Funktionen erreicht werden, obwohl diese nicht explizit in Director vorgesehen sind.

Ein farbiger Cursor ist im Prinzip nichts anderes als ein ganz gewöhnlicher Kobold, der über eine häufig aufgerufene Prozedur an die Mausposition gekoppelt wird. Der eigentliche Cursor wird dabei einfach abgeschaltet.

Dem zukünftigen Cursor wird bei der Initialisierung eine hohe Kanalnummer zugeordnet :

```
global CursorChn
set CursorChn = 120 -- (Director 6) oder 48 (Director 5)
```

Dieser Kanal wird in den Puppet-Zustand geschaltet:

```
puppetSprite CursorChn, TRUE
```

Achten Sie bitte unbedingt darauf, daß im Cursorkanal zum Zeit-punkt der Initialisierung der Cursor-Darsteller enthalten sein muß! Im restlichen Film sollten Sie diesen Kanal nicht für andere Zwecke verwenden, um komplizierte Umschaltungen der Puppet-Zustände zu vermeiden.

Stellen Sie den Farbeffekt des Cursors im Drehbuch je nach dem gewünschten Aussehen auf "Matte" (eingeschlossene weiße Berei-che bleiben erhalten) oder auf "Hintergrund transparent" (weiße Pixel des Cursordarstellers werden immer transparent dargestellt).

In der jeweiligen Frame-Schleife, während der der Cursor erschei-nen soll, wird die Mausposition abgefragt und der Cursor-Kobold an die entsprechende Stelle bewegt.

```
on exitFrame
    set the locH of sprite CursorChn = the mouseH
    set the locV of sprite CursorChn = the mouseV
end
```

Diese Methode funktioniert im allgemeinen ausreichend gut, wenn Sie einige Dinge beachten:

1. Sie müssen durch Einstellung einer hohen Framerate (30-120 fps) dafür sorgen, daß die e x i t F r a m e-Routine möglichst häufig durchlaufen wird, ansonsten zieht der Cursor deutlich nach (eine andere Möglichkeit wäre die Verwendung der o n i d l e-Prozedur).

2. Optimieren Sie alle anderen Aktionen in der `exitFrame`-Schleife (z.B. die Tests eines „rollOver") auf möglichst geringe Laufzeit (referenzieren Sie z.B. keinen der Darsteller über ihre Namen).

3. Arbeiten Sie wenn möglich aus Geschwindigkeitsgründen in 8-Bit-Farbtiefe.

4. Verwenden Sie nur kleinflächige Bilder als Cursordarsteller, sonst besteht die Gefahr, daß sich die Bedienung auf langsameren Rechnern zu indirekt anfühlt.

Es sollte allerdings nicht verschwiegen werden, daß der hier gezeigte Cursor auch im optimalen Fall im Vergleich zum normalen Mauscursor ein auf schwer definierbare Weise anderes „feeling" vermittelt. Offenbar stört das unvermeidliche leichte Nachziehen (besonders auf langsameren Rechnern), und die Bewegungsdynamik des Cursors ist eine andere.

Einige Beispielbilder, die Sie für farbige Mauszeiger verwenden können, finden Sie auf der Übungs-CD-ROM im Dokument »Cur-Col.CST« (Verzeichnis »Teile«).

13.3 Blinkende Elemente

Seit den Anfängen der Computerei gehörte die Eigenschaft „Blinkend" auf den damaligen Textbildschirmen zum Grundrepertoire für eine Benutzeroberfläche. Kaum ein anderes Mittel ist so gut geeignet, die Aufmerksamkeit auf eine bestimmte Stelle, z.B. auf eine aktuelle Meldung, zu lenken.

In grafischen Multimedia-Anwendungen finden sich heute nur selten blinkende Elemente, ganz einfach deshalb, weil sie normalerweise einen gewissen zusätzlichen Programmieraufwand erfordern. Nur im allereinfachsten Fall, wenn nur ein Element blinkend dargestellt werden soll, läßt sich dies in Director durch zyklisches Wechseln zwischen zwei Frames bewerkstelligen.

Blinkende Elemente mit unterschiedlich langen Ein-/Ausschaltphasen sind in Lingo kein unlösbares Problem.

Für die Verwaltung blinkender Objekte wird nachfolgend ein leicht einsetzbares fertiges Skript bereitgestellt. Ein Beispiel für einen sinnvollen Einsatz in Zusammenhang mit der Geologie-Beispiel-

❶ Definition der globalen Variablen (diese Version von „Blink" ist nicht objektorientiert programmiert!)

❷ Kanalzuordnung der blinkenden Kobolde

❸ Liste der zu verwaltenden LEDs

❹ Ein-/Ausschaltzeiten der LEDs gemessen in Ticks (1/60 Sec.)

❺ Diese Listen werden in der folgenden Schleife ❻ automatisch aufgebaut.

❼ Die Darstellernummern werden den Kobolden entnommen. Die einzelnen Bilder der ausgeschalteten Versionen müssen denen der eingeschalteten Versionen in der Besetzung unmittelbar folgen.

❾ Die Zentrale Routine b l i n k wird nur indirekt aus checkBlink heraus aufgerufen. Sie verrichtet die eigentliche Arbeit. Sie prüft, ob die Zeit zum Umschalten eines Kobolds erreicht ist und schaltet diesen entsprechend den Vorgaben an oder aus.

❶
```
global LEDCount, ¬
       LED1, LED2, LED3,¬
       LEDSprite, LEDBlink, LEDOnTime, LEDOffTime, LastSwitch, ¬
       LEDOffMember, LEDOnMember
```

❷
```
on initLED
   set LED1 = 4
   set LED2 = 5
   set LED3 = 6
```
❸
```
   set LEDSprite  = [LED1, LED2, LED3]
```
❹
```
   set LEDOnTime   = [  10,    30,    55]
   set LEDOffTime  = [  50,    30,     5]
```
❺
```
   set LastSwitch  = []
   set LEDBlink    = []
   set LEDOffMember = []
   set LEDOnMember  = []
   set LEDCount    = count(LEDSprite)
```
❻
```
   repeat with i = 1 to LEDCount
     puppetSprite getAt(LEDSprite,i), TRUE
     add(LastSwitch,0)
     add(LEDBlink,FALSE) -- zu Beginn nicht blinken
```
❼
```
     add(LEDOffMember,the memberNum of sprite getAt(LEDSprite,i))
     add(LEDOnMember,(the memberNum of sprite getAt(LEDSprite,i))+1)
   end repeat
end
```

❽
```
on checkBlink
   repeat with i = 1 to LEDCount
      if getAt(LEDBlink,i) then blink(i)
   end repeat
end
```

❾
```
on blink LEDNum
   global chn
   set LED = getAt(LEDSprite,LEDNum)
   set t = the ticks
   if the memberNum of sprite LED = getAt(LEDOnMember,LEDNum) then
     if t > getAt(LastSwitch,LEDNum) + getAt(LEDOnTime ,LEDNum) then
        set chn = getAt(LEDSprite,LEDNum)
        set the memberNum of sprite chn ¬
        to (getAt(LEDOffMember,LEDNum))        -- schalt sie aus
```

```
        setAt(LastSwitch,LEDNum,t)

        updateStage

      end if

    else

      if t>getAt(LastSwitch,LEDNum) + getAt(LEDOffTime,LEDNum) then

        set chn = getAt(LEDSprite,LEDNum)

        set the memberNum of sprite chn ¬

        to (getAt(LEDOnMember,LEDNum))       -- schalt sie an

        setAt(LastSwitch,LEDNum,t)

        updateStage

      end if

    end if

end
```

❿
```
on LEDBlink LEDNum

  setAt(LEDBlink,LEDNum,TRUE)

end
```

❿
```
on LEDOn LEDNum

  setAt(LEDBlink,LEDNum,FALSE)

  set the memberNum of sprite getAt(LEDSprite,LEDNum) ¬

    to (getAt(LEDOnMember,LEDNum)+1)

end
```

❿
```
on LEDOff LEDNum

  setAt(LEDBlink,LEDNum,FALSE)

  set the memberNum of sprite getAt(LEDSprite,LEDNum) ¬

    to getAt(LEDOffMember,LEDNum)

end
```

❿ Die drei Routinen LEDBlink LEDOn und LEDOff können direkt aus dem Nachrichtenfenster oder aus der Anwendung heraus zum Umschalten des LED-Zustands aufgerufen werden. Als Parameter wird die Nummer der LED (gezählt von 1 an), nicht die direkte Kanalnummer übergeben. Dadurch bleiben notwendige Programmänderungen bei wechselnder Kanalbelegung lokal auf Änderungen in initLED ❷ beschränkt.

anwendung wäre etwa eine blinkende LED während des Lade-vorgangs aus dem Internet (siehe voriges Kapitel).

Die hier vorgestellte Blink-Methode eignet sich dazu (im Rahmen der verfügbaren Kanäle), auch mehrere blinkende Elemente mit unter-schiedlichen Ein-/Ausschaltzeiten auf einfache Weise zu verwalten.

Kopieren Sie das etwas umfangreichere Skript "Blink" aus dem Beispielfilm »Blink.DIR« einfach in Ihre eigene Applikation.

Sie benötigen für jedes blinkende Element zwei Bilder, die den aus-geschalteten bzw. den eingeschalteten Zustand repräsentieren. Dieselbe Routine eignet sich natürlich ebenso für die Darstellung von anderen wechselnden Elementen wie Ventilen im offenen bzw. geschlossenen Zustand bei einer Gerätesimulation.

Sie müssen nun die zu steuernden Kanäle in der Prozedur initLED eintragen. Stellen Sie außerdem in Ihrem Film sicher, daß sich zum Zeitpunkt der Initialisierung die richtigen Kobolde im Kanal befinden.

```
on exitFrame
  checkBlink
  go to the frame
end
```

Aufruf der checkBlink-Routine in der exitFrame-Prozedur

Der eigentliche Blinkvorgang wird durch die Prozedur check-Blink in Gang gehalten. Sie müssen in Ihrer Anwendung dafür sorgen, daß sie möglichst häufig aufgerufen wird. Entweder wird sie in die exitFrame-Schleife eines Programmzweigs aufge-nommen, oder aber der Aufruf wird durch eine onidle-Routine durchgeführt. Wenn checkBlink zu selten aufgerufen wird, kommt es zu unregelmäßigem „stotterndem" Blinken.

Aus Gründen der Übersichtlichkeit wurden zum Ein-/Ausschalten der LEDs keine weiteren Schalter in die Besetzung aufgenommen. Sie können den Blinkvorgang nur durch Anklicken der LED über ein Koboldskript starten. Im Nachrichtenfenster können Sie dann die Steuerung durch Eingabe der Befehle LEDBlink, LEDOn und LEDOff mit der entsprechenden LED-Nummer als Para-meter ausprobieren.

Veränderungen in den Schaltzeiten der LEDs nehmen Sie bitte direkt im Skript in der Prozedur initLED bei LEDOnTime bzw. LEDOffTime vor.

13.4 Elegante PopUp-Bilder mit Lingo

Vielleicht ist Ihnen bei der Benutzung des Hauptmenüs der Beispielanwendung aufgefallen, daß sich die Aktivierung der Menüpunkte irgendwie „unnatürlich" anfühlt. Der Eindruck wird hauptsächlich durch die waagerechte rote Linie hervorgerufen, die von Menüpunkt zu Menüpunkt springt. Wie könnte man ein Menü erzeugen, das ein angenehmeres „Feeling" vermittelt? Wenn Sie sich im Vergleich dazu das Untermenü für die Simulationen ansehen, werden Sie feststellen, daß es sich wesentlich besser „anfühlt".

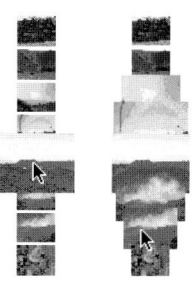

Hier wurden unnatürliches Springen und plötzliche Ein-/Ausblendungen gezielt vermieden. Die Menüpunkte zoomen bei Annäherung des Mauszeigers vollkommen weich heraus und vermitteln so den Eindruck steter Kontrolle statt den von Überraschungen.

Die beiden Varianten der PopUp-Bilder im Vergleich

Die notwendigen Prozeduren liegen in zwei Varianten vor, zum einen als klassisch programmierte Version (Datei »PopPict.DIR«), zum anderen als Version unter Nutzung objektorientierter Programmierung (»PPictObj.DIR«). Die letztere Version kam auch in dem Beispielprojekt als »Kap_09:SimuMenu.DIR« zum Einsatz.

In der nicht objektorientierten Variante spielt sich der Zoomvorgang immer im vordersten Kanal ab, Bilder können sich also nicht gegenseitig überdecken. Der Nachteil besteht darin, daß sich die Menübilder nicht unabhängig voneinander verhalten. Wird ein zweites Bild aufgeblendet, muß zunächst das alte wieder vollständig verschwinden. Wesentlich eleganter reagiert hier die objektorientiert programmierte Version: Hier können durchaus mehrere Bilder noch mit dem Wegzoomen beschäftigt sein, wenn sich bereits der aktuelle Menüpunkt herauszoomt. Als Ergebnis fühlt sich alles wesentlich natürlicher an (ziehen Sie die Maus schnell über die Menüpunkte!). Bei dieser Implementation sollten die Bilder allerdings genügend Abstand voneinander haben um sich nicht gegenseitig zu überdecken.

Anwendung der PopUp-Bilder im Simulationen-Menü

Aus Platzgründen können wir die Skripte für die PopUp-Bilder hier nicht mehr darstellen, sie sind jedoch in den Beispieldateien ausführlich kommentiert. Das Verständnis sollte mit den bisher erworbenen Kenntnissen kein Problem mehr darstellen.

13.5 Breite und Höhe von Textfeldern verändern

Diese Routine erlaubt es, die Breite und die Höhe eines Textfeldes zu verändern. Eine solche Funktion ist erforderlich, da es in Director leider weder mit den dafür vorgesehenen Eigenschaften (the width of member bzw. the height of member), noch mit den entsprechenden Funktionen für Kobolde (the width of sprite, the height of sprite, spriteBox etc.) möglich ist, Textfelder per Programm einzustellen.

Breite und Höhe von Textfeldern setzen

```
on setTextFieldSize mem, w, h
  set r = the rect of member mem
  set ww = the right  of r

  if (the paramCount > 1) then
    if w <> 0 then
      set ww = abs(w)
    end if
  end if

  set hh = the bottom of r
  if (the paramCount > 2) then
    if h <> 0 then
      set hh = abs(h)
    end if
  end if

  set the right of r = w
  set the bottom of r = h
  set the rect of member mem = r
end
```

Eine Anwendung dieser Routine finden Sie im Dokumenten-Darstellungssystem in Kapitel 7. Dort werden Darsteller aus einer externen Besetzung inklusive aller Formatierungen zur Anzeige und Textmanipulation in die interne Besetzung kopiert. Natürlich ist es dabei sehr wichtig, daß alle Darsteller für die Bildschirmwiedergabe auf die gleichen Dimensionen gebracht werden können.

Auslieferung

14 Auslieferung

In den folgenden beiden Unterkapiteln werden wir uns mit einigen spezielleren Aspekten der Auslieferung befassen. Obwohl die Auslieferung (hoffentlich) die letzte Produktionsphase darstellt, sollte man sich bereits bei der Konzeption des Projekts mit diesem Thema befassen, da viele der während eines Projekts zu treffenden Entscheidungen hiermit zusammenhängen.

14.1 Diskettenproduktionen

Die meisten Anwendungen werden natürlich heute auf CD-ROM (spezifisch für eine Plattform oder als Hybrid) erstellt. Dieses Thema wird ausführlich in Lit.[2, Kap. 7.3] abgehandelt. Aber trotzdem sind Disketten nicht völlig von CD-ROM-Produktionen verdrängt, der Markt für Diskettenprodukte ist entsprechend der Verteilung der Laufwerke noch immer potentiell dreifach so groß und damit deutlich breiter als der für CDs. Viele Anwendungen erfordern auch einfach nicht die Datenmenge einer CD-ROM oder DVD und den Herstellern ist es oft unangenehm, ihren Kunden eine CD-ROM mit nur 3 MB Inhalt anzubieten. So ist es Sitte geworden, den unnötigem Platz mit Demo-Programmen aller Art und anderem Datenschrott zu füllen. Dieser ist meist nicht einmal die Zeit wert, die CD nach Brauchbarem durchzuschauen, und stellen oft genug eher eine Belästigung des Käufers dar.

Da ist es schon ehrlicher, man läßt den Platz weitgehend leer oder man versucht, die Anwendung doch noch auf einer Diskette unterzubringen. Mit Director 6 ist das freilich kaum mehr möglich. Selbst bei minimalen Anwendugen entstehen Projektoren von 1,5-3 MB Größe, die vielleicht komprimiert gerade noch auf eine Diskette passen würden, die dann aber keinerlei Platz mehr für Daten lassen.

Dies ist der Grund, warum auch heute noch viele Firmen die Veteranen Director 4 oder 5 für diese Zwecke einsetzen. Mit Director 5 muß man mit nur halb so viel Platz für einen Projektor rechnen, Director 4 benötigte sogar nur etwa ein Viertel des Speichers, den ein minimaler Director-6-Projektor verschlingt. Damit verbleibt also noch bis zu einem Megabyte Datenplatz auf einer 1,4-MB-Diskette.

❶ Die Routine tauscht Zeichen mit einer bestimmten
ASCII-Nummer im Text gegen
die entsprechenden Sonderzeichen aus. Das Ergebnis wird
als Funktionswert geliefert.
Sie können die Prozedur leicht
um weitere Sonderzeichen
(z.B. ô,â,ã, ñ) erweitern bzw.
für die Konversionsrichtung
MacToPC abwandeln.

❶
```
on PCtoMac txt
    set erg = txt
    set cNum = the number of chars of txt
    repeat with i = 1 to cNum
        set cCode = charToNum(char i of erg)
        case cCode of
            228: put "ä" into char i of erg
            246: put "ö" into char i of erg
            252: put "ü" into char i of erg
            196: put "Ä" into char i of erg
            214: put "Ö" into char i of erg
            220: put "Ü" into char i of erg
            223: put "ß" into char i of erg
            176: put "°" into char i of erg
        end case
    end repeat
    return erg
end
```

172

Beispiel für ein in unserem Hause mit Director 5 konzipiertes Produkt ist „TERRA Kleiner Weltalmanach" (Klett-Perthes-Verlag). Zusammen mit ca. 1000 Bildschirmseiten voller Daten über fast 200 Länder, 200 Tortendiagrammen, generierbaren Balkengrafiken und den entsprechenden Druckroutinen paßt alles mit einem schönen grafischen Benutzerinterface noch wunderbar auf eine Diskette. Weitere angenehme Konsequenzen des spartanischen Umgangs mit dem Speicherplatz sind entsprechend geringe Ladezeiten und ein geringer Ressourcenverbrauch auf der Festplatte.

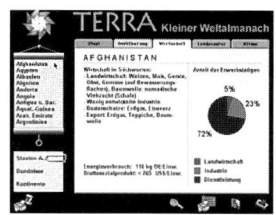

Die Diskettenproduktion „TERRA Kleiner Weltalmanach"

14.2 Kompatibilität Mac/Windows

Konvertierungsprobleme mit Umlauten

Wird eine Director-Anwendung während der Entwicklung einer Hybrid-CD-ROM abwechselnd mit Apple Macintosh und Windows-Systemen bearbeitet, so werden Umlaute in Felddarstellern im allgemeinen richtig konvertiert. Doch bei Verwendung externer CastLibs gibt es hier Fußangeln: Director erkennt auf einem Macintosh am Icon (bzw. der zugrundeliegenden Ressource) einer Datei, ob es sich dabei um eine von Windows oder Mac gespeicherte Version handelt. Die Sache geht schief, wenn man eine externe CastLib auf einem Windows-Rechner gespeichert hat und sie mit einem Director-Film verwendet, der nicht ebenfalls von Windows kommt. Obwohl die Umlaute nach dem Öffnen der CastLib auf dem Macintosh noch in Ordnung zu sein scheinen, werden sie bei erneutem Sichern in falsche Sonderzeichen konvertiert. Fazit: Transportieren Sie immer komplette Applikationen zwischen den Systemen, nicht nur einzelne Komponenten. Sollte das Malheur doch einmal passiert sein, hilft die kleine Lingo-Routine in der Randspalte weiter. Die inverse Routine für die Wandlung von Mac zu Windows sei Ihnen als kleine Fingerübung in der Lingo-Programmierung anheimgestellt.

Weitere Tips zu Cross-Plattform-Entwicklung vgl. Lit. [2, Kap. 7.1, 7.3, 8.3].

Windows

Install Shield Software Corp.
900 National Parkway, Suite 125
Schaumburg, IL 60173-5108
1-800-374-4353
info@installshield.com
www.installshield.com

Wise Installation System
Great Lakes Business Solutions
39905 Lotzford, Suite 200
Canton, MI 48187
313-981-4970
313-981-9746 fax
www.glbs.com (demo)

Installit
Helpful Programs, Inc. (HPI)
600 Boulevard South, Suite 305
PO Box 16078
Huntsville, AL 35802
205-880-8782
800-448-4154

Freeman Installer
Freeman-Teresa Software
GPO Box 712
Braodway NSW 2007, Australia
tongk@arch.su.edu.au

EDI Install Pro
Eschelon Development
24-2979 Panorama Dr.
Coquitlam BC V3E 2W8, Canada
205-880-8702
76625.1320@compuserve.com

Setup Factory 4.0
(bisher Doughboy Professional)
Indigo Rose Corporation
P.O. Box 2159

14.3 Installationsprogramme für Mac und Windows

Insbesondere auf der Windows-Plattform, gelegentlich aber auch bei Apple-Macintosh-Anwendungen, ist es üblich, das ganze Programm oder Teile davon vom Auslieferungsmedium (Diskette bzw. CD-ROM) auf eine Festplatte des Rechners zu kopieren.

Grundsätzlich verkomplizieren Installationen die Benutzung eines Multimedia-Produkts und verteuern seine Herstellung, sie sollten deshalb nur in begründeten Fällen eingesetzt werden.

Trotzdem kann es für eine Installation auf der Festplatte gute und sogar zwingende Gründe geben:

* wenn die Anwendung wegen ihrer Größe für die Auslieferung auf mehrere Datenträger (z.B. Disketten) verteilt werden muß,

* wenn der Auslieferungs-Datenträger einen zu langsamen Zugriff hat,

* wenn die Programmstruktur den gleichzeitigen Zugriff auf mehrere Dateien (z.B. Sound und Grafik) erfordert und das Vorausladen in den RAM-Speicher nicht möglich ist.

14.3.1 Getrennte Installationsprogramme

Auf beiden Plattformen gibt es für diesen Zweck eine große Zahl von geeigneten Shareware-Installationsprogrammen. Sie lassen sich auf Ihre projektspezifische Situation konfigurieren. Im Normalfall wird man diese über das Internet beziehen, einige Produkte werden im folgenden mit ihren Bezugsadressen genannt.

Die Liste der verfügbaren Programme in der Randspalte wurde der Web-Site von Macromedia entliehen.

Abhängig von den Lizenzbedingungen der Hersteller fallen für Installationsprogramme natürlich zusätzliche Kosten an. In jedem Fall verteuern sie das Multimedia-Produkt aber auch dadurch, daß sich jemand in die Handhabung einarbeiten und die Programme für alle Plattformen korrekt konfigurieren muß. Sie sollten dafür mindestens zwei Tage in Ihrer Projektkalkulation vorsehen.

14.3.2 Installationsroutine in Lingo mit OSUtil

Mit Hilfe des Xtras OSUtil können Sie selber in Lingo ein Installationsprogramm erstellen. Mit OSUtil können verschiedene Operationen auf der Betriebssystem-Ebene durchgeführt werden wie Dateien kopieren, Verzeichnisse anlegen, Informationen über Dateien und Verzeichnisse aufrufen. Öffnen Sie das OSUtil-Xtra ("Xtras:OSUtil folder"), um eine Auflistung und Erklärung aller Befehle zu sehen.

Mit dem unten beschriebenen Programm wird ein Verzeichnis auf der internen Festplatte angelegt und die gewünschten Dateien dorthin kopiert. Das Verzeichnis wird im Beispiel wie der Ordner benannt, in dem das Installationsprogramm gespeichert ist.

Nach Eingabe der zu installierenden Dateien und Bestätigung der „Installieren"-Schaltfläche wird zunächst auf der internen Festplatte geprüft, ob das Verzeichnis dort schon installiert wurde. Wenn das Verzeichnis noch nicht vorhanden ist, wird es angelegt und die angegebenen Dateien werden hineinkopiert.

Die auf den folgenden Seiten besprochenen Routinen müssen in einem Filmskript gespeichert werden. Die Anwendung wird in dem Beispiel »Install .DIR realisiert«.

Leider gibt es keine Windows 3.11-Version des XTras OSUtil. Diese Anwendung ist daher nur für Windows 95-, Windows NT- und Macintosh-Rechner geeignet. Dies ist insbesondere deshalb ärgerlich, weil sich ausgerechnet unter diesem System auch mit dem mitgelieferten Director-XTra FileIO keine Kopierroutinen (s.u.) programmieren lassen, die Dateien mit mehr als 32kB Größe transportieren können. Als Ausweg bieten sich hier also tatsächlich nur externe Installationsprogramme an, wie sie auf den Randspalten dieser Seite erwähnt sind, oder aber Sie machen sich auf die Suche nach anderen XTras im Internet bzw. programmieren selbst ein XTra in C.

Winninpeg, MB
Canada, R3C 3R5
800-665-9668
204-661-6904 (fax)
support@indigorose.mb.ca
www.IndigoRose.MB.CA/indigo

createMedia (Director XObject)
25 Barry Lane
Simsbury, CT 06070
203-651-3345
74444.1574@compuserve.com
createMed@aol.com

MediaSpark's Installer
MediaSpark ITS Inc.
P.O. Box 975
Sydney, NS B1P 6J4
902-562-0042
902-562-1252 (fax)
www.mfusion.com/

Macintosh

Installer Maker
Alladin Systems
165 Westridge Drive
Watsonville, CA 95076
408-761-6200
408-761-6206 (fax)
Aladdin@aol.com
www.aladdinsys.com

VISE
MindVision Software
840 South 30th Street, Suite C
P.O. Box 81886
Lincoln, NE 68510
402-477-3269
402-477-1395 (fax)
sales@mindvision.com
support@mindvision.com

❶ Die Routine "i n i t –
S t a r t M o v i e" wird
von einem Darstellerskript aufgerufen.

❷ S e a r c h P a t h S e t
dient dazu, den Namen und
Speicherort des zu installieren-
des Verzeichnisses festzulegen.
Der Volume-Name des aktuellen Rechners wird in v o l –
N a m e gespeichert.

❸ Sobald die Variable
i t e m D e l i m i t e r
umgestellt wird, können wir mit
dem Ausdruck i t e m
w h i c h i t e m   o f
w h i c h E x p r e s s i o n
den Verzeichnisnamen herausholen.
Wichtig dabei ist i t e m –
D e l i m i t e r wieder auf
seinen Ursprungszustand (",") zu
setzen.

❹ Die folgenden Programm-
zeilen werden verwendet, um
den Namen des root-Verzeich-
nisses zu speichern. Die
Bezeichnung wird als Name für
das zu installierenden Verzeichnis genommen und in die Variable i n s t a l l F o l d e r
gespeichert.
Das root-Verzeichnis ist nicht
der letzte Eintrag im Pfadna-
men, sondern der zweitletzte.
Deswegen wird f o l d e r –
N u m auf i t e m C o u n t –
1 gesetzt.

❺ Als Zusatzfunktion des Programms wird das Verzeichnis
festgelegt, in dem nach exter-

❶
```
on initStartMovie
   SearchPathSet
   checkForDir
end
```

❷
```
on SearchPathSet
   global volName, installFolder
   set volName to line 1 of OSVolumeList ()
```
❸
```
   if the platform contains "Windows" then
      set oldItemdelimiter to the itemDelimiter
      set pd = "\"
      set the itemdelimiter = pd
   else
      set oldItemdelimiter to the itemDelimiter
      set pd = ":"
      set the itemdelimiter = pd
   end if
```
❹
```
   set itemCount to the number of items in the pathname
   set folderNum to itemCount - 1
   set installFolder to item folderNum of the pathname
   set the itemDelimiter to oldItemdelimiter
```
❺
```
   set the searchPath = []
   add(the searchPath, volName & installFolder)
   add(the searchPath, the pathname)
end SearchPathSet
```

❻
```
on checkForDir
   global volName, chkNames, installFolder
      set volName to line 1 of OSVolumelist ()
   set chkNames to installFolder
if ExistsFolderInFolder (volName,chkNames) then
   nothing
   beep
else
   if OSVolumeFree (volName) > 10000000 then
      installUpdate
   end if
end if
end checkForDir
```

176

❼
```
on ExistsFolderInFolder p,chkNames
  global volName, chkNames
  set found = FALSE
  set oldItemDelimiter = the itemDelimiter
  set the itemDelimiter = ","
  set n = the number of items of chkNames
  repeat with i = 1 to n
    set chkFile = item i of chkNames
    set fn = "x"
    set f = 1
    repeat while fn <> ""
      set fn = getNthFileNameInFolder(p,f)
      set f = f + 1
      if fn = chkFile then
        set found = TRUE
        exit repeat
      end if
    end repeat
    if found then
      exit repeat
    end if
  end repeat
  set the itemDelimiter = oldItemDelimiter
  return found
end
```

❽
```
on installUpdate
  global volName, installFolder
  set installFiles to the text of field "fFilesToInstall"
  set itemCount to the number of items of installFiles
  set installList to []
  repeat with i = 1 to itemCount
    add InstallList, item i of field "fFilesToInstall"
  end repeat
  alert "Die Dateien " & QUOTE & installFiles & QUOTE & ¬
    " werden auf Ihre Festplatte in den Ordner" & QUOTE & ¬
    installFolder & QUOTE && "kopiert."
  OSCreateDir (volName, installFolder)
  set listCount to count(installList)
```

nen gelinkten Dateien gesucht wird. Dabei wird zuerst im neu installierten Verzeichnis gesucht, dann im root-Verzeichnis auf der CD.

❻ Mit dieser Routine wird der Volume-Name des aktuellen Rechners in die Variable volName und der Name des gesuchten Verzeichnisses in die Variable chkNames gespeichert. Die Routine ExistsFolderIn- Folder ❼ stellt sicher, daß das Verzeichnis nicht bereits auf der Festplatte existiert. Das OSUtil-Xtra wird verwendet, um zu kontrollieren, daß mindestens 10 MB auf der Platte frei sind.

❽ Mit dieser Routine werden die Dateien auf die Festplatte gespeichert. Zuerst werden die zu installierenden Dateien in installList gespeichert, dann ein Verzeichnis auf der Festplatte angelegt.

177

❶ Mit einer repeat-Schliefe werden nach und nach die Dateien in das Verzeichnis kopiert.

❶
```
set i = ""
repeat with i = 1 to listCount
  set fileName = getAt(installList,i)
  OSFileCopy (the pathname & fileName, volName & ¬
  installFolder & ":" & fileName)
end repeat
end installUpdate
```

❷ In dem stopMovie-Skript wird der Inhalt des Feldes *fFilesToInstall* gelöscht.

❷
```
on stopMovie
  set the text of field "fFilesToInstall" to ""
end
```

14.3.3 Installationsroutine in Lingo mit FileIO

Der vielleicht bequemste Weg, zu einer Installationsroutine zu
kommen, geht über das mit Director ausgelieferte XTra „FileIO".
Damit ist es im Prinzip möglich, eine Kopierroutine zu programmieren, die jede beliebige Datei öffnet, den Inhalt stückweise ein-
liest und einfach in das gewünschte Zielverzeichnis schreibt. Das
funktioniert auch auf einem Macintosh sehr schön (abgesehen
davon, daß mit GetFinderInfo/SetFinderInfo die Information
über das Dateisymbol zusätzlich übertragen werden muß). Sie finden eine entsprechende Routine unter der Bezeichnung
»Copy.DIR« auf der Beispiel-CD. Leider ist diese Lösung unter Windows nur sehr eingeschränkt brauchbar, da hier keine Dateien mit
mehr als 32kB Größe kopiert werden können.

FileIO in Director 6

Bei Director 6 haben sich Befehlssatz und die Syntax für das mitgelieferte Lingo-Xtra FileIO deutlich geändert. In der ReadMe-
Datei, die im gleichen Ordner wie das FileIO-Xtra liegt, werden
diese Änderungen beschrieben. Ältere Anwendungen, die FileIO
nutzen, müssen also unter Director 6 nicht nur neu compiliert,
sondern auch stellenweise umgeschrieben werden.

Inkompatibilität!

Wichtig: Wenn Sie FileIO mit Director 6 verwenden wollen, müssen Sie außerdem sicherstellen, daß Sie die neueste Version des
Xtras installiert haben (momentan ist das die Version 1.0.2).

Um eine Beschreibung der Befehle zu erhalten, geben Sie die folgende Zeile im Messagefenster ein:

```
put mMessageList(Xtra "fileio")
```

neue Syntax für FileIO

Mit dem folgenden Beispiel wird eine Instanz des Xtras erzeugt
und in myFile gespeichert. Der systemspezifische Dialog zum
Auswählen einer Datei wird geöffnet und das Ergebnis in
fileName gespeichert. Die ausgewählte Datei wird geöffnet,
danach wird die Dateigröße und der Inhalt in das Messagefenster
ausgegeben und die Datei wieder geschlossen. Durch Setzen von
myFile auf Null wird schließlich der Datei-Pufferspeicher wieder freigegeben.

Einlesen einer Datei mit den
FileIO-Befehlen unter Director 6

```
set myFile = new(xtra "fileio")
set fileName = displayOpen(myFile)
openFile(myFile, fileName, 1)
put getLength(myFile)
set fileContents = readFile(myFile)
put fileContents
closeFile(myFile)
set myFile = 0
```

Dieses Beispiel zeigt, daß der Lingo-Code einer Director-5-Anwendung doch teilweise stark umgeschrieben werden muß, bevor die gleiche Anwendung unter Director 6 läuft. Der grundsätzliche Unterschied ist folgender: Unter Director 6 wird zuerst der Befehl angegeben und dann in Klammern das angesprochene Objekt (*siehe Zeile 7 des obigen Beispieles*). Bei Director 5 stellte FileIO eine Ausnahme zu den sonstigen Lingo-Konventionen dar. Der Befehl war ähnlich wie bei einer Parameterübergabe in Klammern anzugeben und das Objekt davor hatte, wie in der folgenden Programmzeile ersichtlich, die syntaktische Stellung einer Prozedur:

Ältere Syntax zum Erzeugen
eines Dateiobjekts unter
Director 5

```
set myFile = FileIO(mNew, "read",it)
```

180

180

Anhang

A Anhang

A.1 Director-6-Verhaltensweisen

Verhaltensbibliothek Director 6 Version 1.1

In Director Version 6 können viele der immer wiederkehrenden Routineaufgaben über sogenannte „Verhaltensweisen" definiert werden. Diese Neuerung ist in erster Linie für Anfänger gedacht, denen dadurch ermöglicht wird, einfache interaktive Filme zu erstellen, ohne mit Programmierung in Berührung zu kommen. Obwohl die Verhaltensweisen nicht für die Mehrzahl der zu programmierenden Funktionen einsetzbar sind, haben sie in einfachen Fällen doch so manchen Vorteil.

Im diesem Kapitel wollen wir alle neuen Verhaltensweisen in Director 6 kurz ansprechen und einige von ihnen im GeoLex$^{®}$-Projekt anwenden.

Sie können die Verhaltensbibliothek in Director 6 unter dem Menü »XTras:Verhaltensbibliothek« öffnen. Ziehen Sie das Fenster der angezeigten Besetzung auf eine Breite von sechs Darstellern, dann stellen sich die Skripte einigermaßen geordnet dar.

Verhaltensweisen sind eine Art objektorientierter Drehbuchskripte und können daher häufig entweder über den Skriptkanal des gesamten Frames oder einem bestimmten Kobold zugewiesen werden. In der folgenden Auflistung werden die Anwendungen für Frame bzw. Kobold durch ein „F" bzw. „K" markiert (rechte Spalte) und der Programmbereich, auf den die Verhaltensweisen sich beziehen, wird in der mittleren Spalte angegeben.

Bei der Anwendung von Verhaltensweisen, die einfach durch Ziehen des Skripts aus der Besetzung auf den Skriptkanal oder auf einen Kobold erfolgt, wird bei den meisten Verhaltensweisen ein Dialog eingeblendet, in dem die notwendigen Parameter für die Funktion eingegeben werden müssen.

Kategorie: Navigation

1   Auf aktuellem Frame bleiben   Bild   FK

Läßt den Abspielkopf immer wieder in das aktuelle Frame zurückkehren. Die im Frame vorhandenen interaktiven Elemente sind
aktiv, QuickTime-Filme und Sounds werden weiter abgespielt. Das
Verhalten kann die klassische Routine (siehe Randspalte) ersetzen,
es wird normalerweise als Frame-Skript im Skriptkanal eingesetzt,
funktioniert aber auch, wenn es auf einen beliebigen Kobold des
Frames gezogen wird.

```
on exitFrame
  go to the frame
end
```

Klassische Loop-Routine

2   Gehe zu Bild/ Bild Nr. abspielen   Bild   FK

Bewegt den Abspielkopf beim Auftreten eines bestimmten Ereignisses zu einem bestimmten Frame. Im Dialog kann die Nummer
des Zielframes, das auslösende Ereignis und der Sprungmodus „Go
to" bzw. „Play and Return" definiert werden. Normalerweise kommen als Ereignis entweder mouseDown oder mouseUp in Frage .
Daneben existieren prepareFrame und initGotoFrame. Die letztere
Möglichkeit bietet interessante Anwendungen in der Verkettung
von Ereignissen. Durch einen Befehl wie `sendsprite`
`2,#initGotoFrame` kann nämlich auch von Lingo aus ein
Ereignis an den Kobold gesendet werden.

3   Gehe zu / Markierung abspielen   Markierung   FK

Bewegt den Abspielkopf beim Auftreten eines bestimmten Ereignisses zu einem bestimmten Frame. Im Dialog kann der Name oder
die Nummer des Zielframes, das auslösende Ereignis und der
Sprungmodus „Go to" bzw. „Play and Return" definiert werden.
Der Sprungmodus „Go to label" und die Adressierung der
Sprungmarke können z.B. mit der Befehlsfolge `sendsprite`
`5, #initGotoMarker` aktiviert und einem Kobold zugeordnet werden.

4   Gehe zu vorheriger Markierung   Markierung   FK

Bewegt den Abspielkopf beim Auftreten eines bestimmten Ereignisses zurück zum vorherigen Frame. Im Dialog kann das auslösende Ereignis definiert werden. Das gleiche Ergebnis wird mit

dem Lingo–Befehl `initGotoPreviousMarker` erreicht, hier z.B. in einem Skript für Kobold 5: `sendsprite 5, #initGotoPreviousMarker`

Gehe zu nächster Markierung   Markierung   FK   **5**

Bewegt den Abspielkopf beim Auftreten eines bestimmten Ereignisses vorwärts zum nächsten Frame. Im Dialog kann das auslösende Ereignis definiert werden. Das gleiche Ergebnis wird mit dem Lingo-Befehl `initGotoNextMarker` erreicht, hier z.B. in einem Skript für Kobold 5: `sendsprite 5, #initGotoNextMarker`

Gehe zu Film/ Film Abspielen   Film   FK   **6**

Ruft einen anderen Film auf, der im bisherigen Fenster abgespielt wird. Dabei ist zu beachten, daß kein Rücksprung stattfindet, wenn der Film während des Abspielens auf einen `Play done`-Befehl stößt. Um das gewünschte Ende des Abspielbereichs zu markieren, sollte der `Play done`–Befehl erst in dem aufgerufenen Film verwendet werden.

Im Dialog können folgende Parameter definiert werden: der Dateiname des aufzurufenden Films; der Abspielmodus: „Play and Return" führt bei Erreichen des Filmendes oder des definierten Bereichsendes zum ursprünglichen Film zurück, mittels „Go To" verbleibt der Abspielkopf im aufgerufenen Film; die Bestimmung des auslösenden Ereignisses.

Das Äquivalent in Lingo wäre z.B. die Befehlsfolge: `sendsprite 5, #initGotoMovie`

Gehe zu Seite   Web   **7**

Lädt bei Eintreten des definierten Ereignisses eine bestimmte HTML-Seite aus dem WorldWideWeb. Der Aufruf aus einem Shockwave-Film heraus führt dazu, daß die momentan in einem Browser dargestellte Seite durch die aufzurufende Seite ersetzt wird. Bei Aufruf über einen Projektor oder den Autorenmodus wird ein Browser gestartet, der die Darstellung der angegebenen Seite übernimmt. Im Dialog können die vollständige URL der Zielseite und das auslösende Ereignis definiert werden.

Die entsprechende Lingo-Befehlsfolge lautet: `sendsprite 5, #initGotoNetPage`

8   In Fenster öffnen   Film

Öffnet einen Film in einem neuen, vorher definierten Fenster und spielt diesen zusätzlich zum aktuellen Film ab. Die Kontrolle über den MIAW (Movie in a window) erfolgt mit dem Behaviour „Message Movie in a Window". Das Verhalten wird entweder durch ein bestimmtes Ereignis oder den Empfang des Befehls `init-OpenMIAW` ausgelöst.

Der Film wird in Originalgröße geöffnet, wenn Breite und Höhe dem Standardwert (0) entsprechen. Im Dialog lassen sich folgende Parameter für das Filmfenster einstellen: „Movie Name" legt den Dateinamen des Films fest, „Window Name" fügt eine optionale Bezeichnung in die Kopfleiste des Fensters ein, falls der Fensterrahmen sichtbar sein soll; in „Window Style" sind die ganz unterschiedlichen Merkmale des Randstils und der Interaktivität zusammengefaßt: Das Erscheinungsbild wird definiert mittels der Optionen „Dokument" (bewegliches, in der Größe veränderbares Fenster ohne Zoomeffekt), „Palette" (schwimmende Palette), „Abgerundet" (abgerundete Ecken), „Einfach" (einfaches Feld ohne Kopfleiste), „Schattiert" (einfaches schattiertes Feld ohne Kopfleiste), „Modaler Dialog" und „Beweglicher modaler Dialog"; die Option „Fenstergröße veränderbar" läßt sich markieren, die Ursprungsposition („Links, Oben") ergibt sich durch Eingabe der Fensterkoordinaten (in Pixeln), bezogen auf die linke obere Bildschirmecke; optionale Vorgabewerte für die Fenstergröße ergeben sich durch Einträge in die Felder „Breite" und „Höhe"; die Fähigkeit zum Minimieren/Maximieren des Fensters kann mittels der aktivierten Option „Zoombox" hinzugefügt werden; schließlich kann die Art des Ereignisses definiert werden, welches das Verhalten auslösen soll. Die Auswahl des Lingo-Befehls `init-OpenMIAW` löst in gleicher Weise ein derartiges Verhalten aus, die entsprechende Befehlsfolge lautet beispielsweise `sendsprite 5, #initOpenMIAW`.

Abspielen fertig (zurückkehren)   **9**

Bewegt den Abspielkopf zu demjenigen Frame zurück, das ein Navigations-Behaviour enthält, in welchem der Parameter Abspielmodus auf den Wert „Play and Return" gesetzt worden war. Falls der aktuelle Film mit Hilfe des Play Movie-Verhaltens geöffnet wurde, erscheint der ursprüngliche Film erneut. Das auslösende Ereignis kann festgelegt werden.

In einer Lingo–Befehlsfolge würde die verwendete Benachrichtigungsroutine `#initPlayDone` beispielsweise lauten: `sendsprite 5, #initPlayDone`.

Kategorie: Nachrichten senden

An Sprite senden   Nachricht   **10**

Sendet bei Eintreten eines vom Autor definierten Ereignisses eine Nachricht an einen bestimmten Kobold. Die übermittelten Eigenschaften der Nachricht werden unter der Voraussetzung ausgeführt, daß dem Zielkobold vorher bereits entsprechende Verhaltensweisen zugewiesen worden sind. Folgende Einstellungen können im Dialog festgelegt werden: In „Message" wird die Art der Nachricht bezeichnet; in „Params" werden die einzelnen Parameter, getrennt durch Kommata, angegeben; „Target Sprite" ist die Nummer des adressierten Koboldkanals; „Initializing Event" ist das auslösende Ereignis.

Wenn die Nachricht vom adressierten Koboldkanal mangels eines zugewiesenen Verhaltens nicht abgefangen wird, fließt sie über das Darstellerskript und Drehbuchskript weiter bis zum Filmskript.

In Lingo lautet ein entsprechendes Beispiel: `sendsprite 5, #initSendSprite`

An alle Sprites senden   Nachricht   **11**

Sendet bei Eintreten eines definierten Ereignisses eine Nachricht an jeden Kobold im aktuellen Frame. Alle von der Nachricht übermittelten Verhaltenseigenschaften werden ausgeführt. Im Dialog können folgende Parameter eingestellt werden: In „Message" wird die auszuführende Nachricht bezeichnet; in „Params" werden, getrennt durch Kommata, die Begleitparameter der Nachricht angegeben; in „Initializing Event" wird das Ereignis für die Auslösung des Verhaltens bestimmt.

In Lingo lautet ein entsprechendes Beispiel: `sendsprite 5, #initSendAllSprites`

12 An einen Film in Fenster senden   Nachricht

Sendet an ein MIAW (Movie in a Window) einen Befehl oder eine Nachricht, für die in einem Texteingabefeld zusätzliche Parameter definiert werden können. Im Dialog sind folgende Angaben möglich: In „Command" und „Parameters" werden die Befehlsbezeichnung und spezifische Parameter eingetragen, um die Adressierung des MIAW-Abspielfensters auszulösen; „Target Window" ist die Bezeichnung des anzusteuernden Zielfensters; „Initializing Event" legt das auslösende Ereignis fest. Zu beachten ist folgende Schreibkonvention: Folgt auf das Wort „field" (ohne Anführungszeichen!) als erstes Element des Texteingabefeldes für die Parameter der Name eines Felddarstellers (in Anführungszeichen), so wird der im Felddarsteller enthaltene Text zum Argument des auszuführenden Befehls.

In Lingo lautet ein entsprechendes Beispiel: `sendsprite 5, #initMIAWMessage`

Kategorie: Media

13 Systemwarnton abspielen   Sound

Der Systemwarnton wird abgespielt, sobald ein bestimmtes Ereignis eintritt, das mit dem Parameter „Initializing Event" definiert werden kann.

In Lingo lautet ein entsprechendes Beispiel: `sendsprite 5, #initBeep`

Darsteller abspielen   Sound   **14**

Spielt bei Eintreten eines festgelegten Ereignisses einen ange-
steuerten Sounddarsteller ab. Im Dialog können folgende Parameter eingestellt werden: Mit „Sound" wird ein Sounddarsteller
ausgewählt, „Channel" legt die Nummer des Soundkanals für den
Abspielvorgang fest, mit „Initializing Event" wird die Art des auslösenden Ereignisses bestimmt.

In Lingo lautet ein entsprechendes Beispiel: `sendsprite 5,`
`#initBeep`

Tondatei abspielen   Sound   **15**

Spielt bei Eintreten eines bestimmten Ereignisses eine angesteu-
erte externe Sounddatei ab, zulässige Formate sind AIFF und WAV.
Im Dialog können folgende Parameter eingestellt werden: Mit
„Sound" wird der Dateiname der externen Sounddatei ausgewählt,
deren relative Pfadangabe hinterlegt werden muß, falls sich die
Datei nicht im gleichen Ordner wie der Film befindet; aus dem
Internet wird eine Sounddatei aufgerufen, indem die vollständige
URL angegeben wird; „Channel" legt die Nummer des Soundka-
nals für den Abspielvorgang fest, mit „Initializing Event" wird die
Art des auslösenden Ereignisses bestimmt.

In Lingo lautet ein entsprechendes Beispiel: `sendsprite 5,`
`#initBeep`

Darsteller austauschen   Bild   **16**

Das Verhalten ermöglicht einem Kobold beim Empfang eines
bestimmten Ereignisses den Austausch von Darstellern. Der
Kobold überprüft die mit dem Ereignis übergebenen Parameter
und führt den Darstellerwechsel aus, wenn der Abgleich der zugewiesenen Koboldbezeichnung oder der Gruppenzugehörigkeit des
Kobolds erfolgreich war. Auf diese Weise kann eine einzige Nachricht eine Mehrfachwirkung auf eine ganze Reihe von Kobolden
ausüben! Im Dialog können folgende Parameter eingestellt werden: Der Eintrag eines Gruppennamens macht einen Kobold zum
Mitglied einer Gruppe: Damit hat es deren Eigenschaften und kann
hierüber adressiert werden. Zusätzlich ist mit dem optionalen Para-

meter „Item Name" die gezielte Ansprache eines einzelnen Kobolds möglich (Leerzeichen sind nicht zulässig); die Kobold-bezeichnung kann als Argument der Verhaltensweisen „Message Sprite" oder „Message All Sprites" fungieren; mit „Alternate Image" wird die Nummer des Darstellers festgelegt, der das bisherige Bild ersetzen soll (das Austauschelement muß in der gleichen Beset-zung gespeichert sein); die Markierung von „Initially toggled" bewirkt einen Zustandswechsel, d.h., der gegenwärtig dem Kobold zugeordnete Darsteller repräsentiert den Austausch- und nicht den Normalzustand. Ein optionaler Eintrag in „Group Name" ordnet den Kobold in eine Gruppe ein, deren Mitglieder mit ein und demselben Befehl angesprochen werden können. Die Bezeichnung der Gruppe darf keine Leerstellen enthalten und kann als Argument innerhalb des „Message Sprite"- und des „Mes-sage All Sprites"-Verhaltens verwendet werden. „SwitchStates [ID]" tauscht den Darsteller des Kobolds aus, wobei ID der Objekt- oder Gruppenname des Kobolds ist; der Zustand des aktuellen Kobolds wird zurückgegeben und kann den Wert 0 ($=$ normal) oder 1 ($=$ alternierend) annehmen. „SetState $\{0$ oder $1\}$, [ID]" weist dem Kobold einen der beiden Zustände 0 ($=$ normal) oder 1 ($=$ alter-nierend) zu, wobei ID der Objekt- oder Gruppenname des Kobolds ist; eine fehlende ID-Angabe hat zur Folge, daß jedes auf diese Weise adressierte Kobold den SetState–Befehl ausführt.

17   Darsteller durchlaufen   Bild

Diese Verhaltensweise ist eine erweiterte Form des Darsteller-austauschs: Nach Empfang der CycleState-Nachricht durchläuft ein Kobold zum Austausch zyklisch eine Reihe von Darstellern. Das Funktionieren der Verhaltensweise setzt eine zusammenhängende (d.h. nicht durch leere Felder unterbrochene) Ablage der für den Zyklus vorgesehenen Darsteller in der Besetzung voraus. Im Dia-log können folgende Parameter eingestellt werden: Mit dem optio-nalen Parameter „Item Name" ist die gezielte Ansprache eines ein-zelnen Kobolds möglich (Leerzeichen sind nicht zulässig); die Kobold -Bezeichnung kann als Argument der Verhaltensweisen „Message Sprite" oder „Message All Sprites" fungieren. Einträge in „First Image" und „Last Image" grenzen Anfang und Ende der zu durchlaufenden Darstellerreihe ab. Die Art des Durchlaufs kann in „Cycle Mode" als Wiederholung („Repeat") oder als Umkehrung der Laufrichtung („Reverse") eingestellt werden, die letztere

Option läßt sich mit „Reverse Order" auch als Vorgabewert definieren. Eine Vorwärts-Schritt stellt „CycleState" zur Verfügung und
tauscht den aktuellen Darsteller im Kobold gegen den nächstfol-
genden der Reihe aus. Einen Vorwärts-Sprung stellt „SetState
state_number" dar, indem der Zyklus vorrückt bis zu der mit
state_number identifizierten Position.

Vorausladen   Media   **18**

Darsteller einer Besetzung werden in den Arbeitsspeicher vorausgeladen und sind dadurch für den Film verzögerungsfrei verfügbar. Eine Auswahl von Darstellern einer Besetzung oder von Frames in einem Drehbuch kann für das Vorausladen bestimmt
werden. Das Verhalten ist außerdem in der Lage, alle Darsteller
eines anderen Films vorauszuladen. Bei aktiviertem „Internet
Aware"-Parameter durchsucht die Verhaltensweise vor dem Ladevorgang den Netzwerk-Cache daraufhin, ob die Media-Daten
tatsächlich auf dem lokalen Datenträger gespeichert sind.

Im Dialog können folgende Parameter eingestellt werden: „Initializing Event" bestimmt das auslösende Ereignis; mit „All Members"
werden die gesamten Darsteller des aktuellen Films vorausgeladen, beginnend mit dem aktuellen Frame, während mit „Frame
Range" eine Auswahl getroffen werden kann, deren erstes und letztes Frame in vorgesehenen Feldern eingetragen werden können;
eine Auswahl unter den Darstellern einer Besetzung leistet der
Parameter „Member Range", der erste und letzte Darsteller der
Reihe werden jeweils mit Hilfe von Popup-Listen ausgewählt. Eine
wichtige Einstellmöglichkeit für strukturierte Anwendungen ist
„Preload Movie": Das Markieren dieser Option und der Eintrag
einer Filmbezeichnung in das Feld „Movie Name" sorgen dafür, daß
beim Verzweigen in einen anderen Film Abspielverzögerungen vermieden werden, weil alle Darsteller des anderen Films vorausgeladen werden; das Aktivieren des Merkmals „Internet Aware" ist
empfehlenswert, wenn Director vor dem Vorausladen den Netzwerk-Cache daraufhin überprüfen soll, ob die benötigten Daten
tatsächlich auf dem lokalen Datenträger gespeichert sind.

Eine optische Signalisierung des Ladevorgangs ist möglich in Form
eines animierten Cursors o.ä.

19 Proxy einblenden   Netzwerk

Stellt auf dem Bildschirm einen festgelegten Platzhalter (Proxy) dar, während die echten Mediadaten in einem Netzwerk ausfindig gemacht und geladen werden. Sobald der Ladevorgang beendet ist, wird der Proxy-Platzhalter durch die aktuellen Daten ersetzt. Insbesondere für eine optimierte Performance ist dieses Verhalten empfehlenswert, wenn es sich z.B. um einen umfangreichen Darsteller handelt, dessen Herunterladen viel Zeit in Anspruch nimmt. In der Option „Proxy Castmember" wird ein Darsteller der internen Besetzung gewählt, der als Platzhalter dienen soll. Das Verhalten erfordert ein „PrepareFrame"-Ereignis und funktioniert nicht, wenn an der betreffenden Stelle des Tempo-Kanals eine Warteschleife eingestellt ist. Das Problem wird umgangen, indem der Abspielkopf in Bewegung gehalten oder ein „Go to the frame"-Skript verwendet wird.

20 Stop bis Bild bereit   Netzwerk

Durchläuft so lange eine Schleife im aktuellen Frame, bis die Mediadaten in der festgelegten Frame-Auswahl geladen sind, deren Anfang und Ende mittels Frame-Nummern oder Markerbezeichnungen definiert werden. Im Dialog können folgende Parameter eingestellt werden: In „Syntax – Choose UseFrames or UseMarkers" kann zwischen Rahmennummern oder Markerbezeichnungen gewählt werden; mit „Begin Frame ...." und „End Frame ...." werden erstes und letztes Frame der Auswahlreihe bestimmt, in gleicher Weise wird mit „Begin Marker ...." und „End Marker............" eine Auswahl mittels der Markerbezeichnungen eingegrenzt.

21 Text von URL holen   Netzwerk

Lädt Text von einer bestimmten URL in einen Felddarsteller. Das Verhalten kann sowohl Kobolden als auch Frames zugewiesen werden. Im Dialog können folgende Parameter eingestellt werden: „Source URL" muß die vollständige URL als Quelle des gewünschten Textes enthalten, wobei nur HTTP–Pfade möglich sind; in „Target Sprite" wird die Kanalnummer des Kobolds angegeben, der im aktuellen Frame einen Felddarsteller enthält, dieser soll den ermittelten Text aufnehmen; das auslösende Ereignis wird in „Initializing Event" festgelegt, es kann vom Typ „MouseUp" oder „Exit-Frame" sein; mögliche Übertragungsmängel sind in „Network Timeout" berücksichtigt, wo eine maximale Zeitspanne (in Sekunden) eingetragen wird, nach der der „getNetText"-Call abgebrochen wird, falls er bis dahin erfolglos geblieben ist.

Das Verhalten wird entweder einem Button- oder einem Frame-Skript zugewiesen , es kann als Allzweck–Methode für „getNet-Text"–Skripte verwendet werden. Bei der Verwendung in einem Frame-Skript muß unbedingt berücksichtigt werden, daß der Abspielkopf nach dem Ausführen des Skripts zum nächsten Frame vorrückt! Deshalb wird es wahrscheinlich wünschenswert sein, dem Frame, welches das Skript enthält, auf der Spur zu bleiben; ein denkbarer Weg wäre ein Frame mit dem pResult–Feld und ein „go to the frame"-Skript im Skriptkanal. Viele andere Wege sind ebenso möglich. Lassen Sie Ihrer Phantasie freien Lauf! Sie können die URL http://www.cedub.com/bin/fortune.cgi als Beispiel verwenden, um eine Textzeile als Rückmeldung zu erhalten.

Datei vorausladen   Netzwerk   **22**

Dieses Verhalten dient dem Vorausladen einer Datei aus dem Internet in den Zwischenspeicher der Festplatte. Die Datei wird während des laufenden Abspielvorgangs nachgeladen, und es werden auf diese Weise Verzögerungen vermieden, wie sie normalerweise beim Download aus dem Internet auftreten. Die verzögerungsfreie Darstellung wird ermöglicht, weil die Daten in diesem Fall nicht aus dem Netz, sondern direkt aus dem Cache des Browsers geholt werden. Die Verhaltensweise wird in einem Frame–Skript plaziert. Im Dialog können folgende Parameter eingestellt werden: Im Feld „Channel number of field" kann eine Liste aller URLs eingetragen werden, die vorausgeladen werden sollen, zur Kennzeichnung dient die Kanalnummer des Feldes im Drehbuch. Damit Statusmeldungen im Nachrichtenfenster ausgegeben werden, muß der Wert von „Debug" auf TRUE gesetzt werden. Durch das Markieren von „AutoLoad URL" läßt sich das Vorausladen des jeweils nächsten URL-Listeneintrags automatisieren, die Zieladresse wird in „Target URL" definiert. Die Option „Manual" überläßt dagegen die gesamte „gotoNetPage"K–Operation dem Benutzer selbst.

Kategorie: Steuerungen

23 Normale Schaltfläche   Schaltfläche

Verleiht einem Kobold das Verhalten einer Schaltfläche (automatisches Highlighting, Verfolgung der Mausaktivität). Der Normalzustand des Button-Objekts wird durch den ursprünglichen Darsteller des Kobolds repräsentiert. Einstellbarer Parameter: „Hilite Image" bestimmt den Darsteller, der bei gedrückter Schaltfläche gezeigt werden soll. Vorgabewert ist der Darsteller mit der nächsthöheren Nummer (bezogen auf den aktuellen Darsteller des Kobolds).

24 Schalter   Einstellung

Ein Wechselschalter, der auf Mausklick mit einem Wechsel (Toggle–Modus) zwischen den Zuständen ON und OFF reagiert. Ein entsprechendes Resultat wird beispielsweise mit der Lingo-Befehlsfolge `"sendsprite 5, #Toggle"` erzielt. Ein Kobold verhält sich dadurch wie eine Schaltfläche (automatisches Highlighting, Verfolgung der Mausaktivität). Das Verhalten wird ausgelöst durch Anklicken oder durch den Empfang von Nachrichten der Art „SetToggleValue" oder „Toggle". Gruppen von Radio-–Button–Schaltflächen lassen sich mittels des Radio Group Behaviors steuern. Im Dialog können folgende Parameter eingestellt werden: „Toggle Image" bezeichnet den beim Zustandswechsel anzuzeigenden Darsteller. „Initially Toggled" schaltet den Button bei seinem ersten Erscheinen in den Wechselzustand. „SetToggleValue {TRUE or FALSE}" nimmt entweder den Zustand WAHR oder FALSCH an. „Toggle Switches" schaltet zwischen den beiden möglichen Zuständen um.

25 Auswahlfelder-Gruppe   Einstellung

Macht den markierten Kobold zum Mitglied einer Radio–Button–Gruppe. Das Verhalten kann sowohl Toggle-Buttons zugewiesen werden, die bereits vom Toggle-Behavior gesteuert werden, als auch Radio-Buttons, die mit Hilfe des Radio–Button-Werkzeuges aus der Werkzeugpalette erzeugt wurden. Die"GetRadio-

Value"–Nachricht liefert den Text der ausgewählten Schaltfläche zurück. Im Dialog können folgende Parameter eingestellt werden: der Gruppenname der Radio Buttons wird in „Group Name" (ohne Leerzeichen!) angegeben, es kann jeweils nur ein Gruppenmitglied markiert werden. Mit „Initially selected" kann eine Vorauswahl auf einen bestimmten Radio Button einer Gruppe gelegt werden, der dann beim ersten Erscheinen des Kobolds bereits markiert ist. Bei mehrfacher Zuweisung dieser Option wird der Kobold mit der höchsten Nummer ausgewählt. „GetRadioValue group_name" gibt die Bezeichnung des markierten Buttons der aktuellen Radio-Button Gruppe als Text zurück. „SetRadioValue group_name, sprite_number" weist die Einstellung der markierten Radio-Button-Gruppe dem aktuellen Kobold zu; „SetGroupValue" setzt die Einstellungen eines Kobolds zurück auf die Gruppeneinstellungen.

Zurückspulen bei MouseUp   Video   **26**

Zurückspulen des Digitalvideos im aktuellen Frame; zur besseren Steuerung ist eine Kombination mit einem Button/PushButton empfehlenswert. Es bietet sich an, das Verhalten einer Schaltfläche mit einer „sprechenden" Bezeichnung zuzuweisen.

Mit dem Parameter „Video Sprite" wird die Kanalnummer für die Videodarstellung festgelegt.

Abspielen bei MouseUp   Video   **27**

In Verbindung mit einer entsprechenden Schaltfläche wird, ausgelöst durch ein MouseUp-Ereignis, im aktuellen Frame ein Digitalvideo abgespielt; die Kanalnummer kann mit dem Parameter „Video Sprite" gesetzt werden.

Stop bei MouseUp   Video   **28**

Anhalten eines Digitalvideos im aktuellen Frame. Es bietet sich an, das Verhalten einer Schaltfläche mit einer „sprechenden" Bezeichnung zuzuweisen. Mit dem Parameter „Video Sprite" wird die Kanalnummer für die Videodarstellung festgelegt.

29 Steuerungsbefehle   Video

Ermöglicht die Steuerung eines Digitalvideos-Kobolds mittels der Funktionen Abspielen, Pause, Stopp und Zurückspulen. In dem Parameter „Command" wird der Aufruf einer Steuerungsfunktion bestimmt. In „Sprite" wird die Kanalnummer für die Videodarstellung festgelegt.

30 Zeitregler   Video

Dieses Verhalten erfordert einen zusätzlichen „Skalen"-Darsteller mit der Aufgabe, den Wertebereich eines Schiebereglers zu begrenzen. In Verbindung damit ermöglicht das Verhalten, die Abspielposition („the movieTime") eines Digitalvideo-Kobolds zu steuern. Beim Abspielen wird der Schieberegler automatisch weiterbewegt.

Im Dialog können folgende Parameter eingestellt werden: „Video Sprite" bezeichnet die Kanalnummer des abzuspielenden Videos, „Extent Sprite" ist die Nummer des Kanals, die den Masken-Kobold beinhaltet, „Hilite Member" ist der Darsteller, der bei aktiviertem Regler angezeigt werden soll.

31 Ändern   Cursor   K

Mit Hilfe dieses Verhaltens können Sie einem Kobold einen anderen Cursor zuweisen. Mit Hilfe dieses Verhaltens können Sie einem Kobold einen anderen Cursor zuweisen. Dies kann einer der Standardzeiger von Director sein oder ein Mauszeiger, der aus einem 1–Bit–Bitmap besteht (eine große Auswahl an Mauszeigern enthält die beiliegende CD, siehe hierzu Kapitel 13.1). Die Verhaltensweise verarbeitet die Nachrichten „ChangeCursor" für den Wechsel des Cursors und „RestoreCursor" für dessen Wiederherstellung. Zum Austausch des Cursors sind folgende Parameter einstellbar: „Change on BeginSprite" tauscht den Cursor bereits im ersten Frame des Kobolds aus, während „Change on EndSprite" unmittelbar nach dem letzten Frame eines Kobolds den ursprünglichen Mauszeiger wiederherstellt. Für die Auswahl eines bestimmten Cursors gibt es verschiedene Möglichkeiten: „Pointer" bezieht sich auf die in Director mitgelieferten Mauszeiger, „Use Custom"erweitert die Auswahl auf einen Darsteller als angepaß-

ten Cursor. Weiterhin kann optional mit „Custom Image" ein Darsteller bestimmt werden, der das Bild für einen Cursor liefert, in
„Custom Mask" ist ein Darsteller die Quelle für ein Maskenbild.
Analog dazu sind Optionen für die Wiederherstellung des Cursors
vorhanden: „Restored Pointer" wählt einen der in Director mitgelieferten Mauszeiger aus, „Restore Custom" setzt als ursprünglichen Cursor einen bestimmten Darsteller ein, der mit der Option
„Restored Custom Image" bzw. „Restored Custom Mask" noch
näher definiert werden kann.

Animieren   Cursor   **32**

Mit dieser Verhaltensweise kann der Cursor animiert werden,
indem ihm eine Folge von 1–Bit Bitmap–Darstellern zugewiesen
wird. Die Bitmaps müssen hierfür im Drehbuch ohne Unterbre-
chung plaziert sein. Es sind folgende Parameter vorhanden:

Durch „Start on BeginSprite" wird der Beginn der Animation mit
dem Auftreten des definierten Kobolds gleichgesetzt. Nach dem
Ende des Koboldauftritts stellt „Restore" den Ursprungszustand
des Mauszeigers wieder her. Das erste und letzte Bild der Animation wird mit „First Image" bzw. „Last Image" ausgewählt, mit
„Initial Image" läßt sich die Bildanzeige unmittelbar vor Beginn der
Animation bestimmen. Den Ablauf der Animation definieren weitere Optionen: „Step Rate" legt (in Ticks) die Rate für den Cur-
sorwechsel fest; „Cycle Mode" definiert das Abspielen durch die
Optionen „Repeat" und „Reverse", wodurch die Sequenz entweder in gleichbleibender Weise wiederholt wird oder alternierend
die Laufrichtung ändert; die Auswahl von „Reverse Order" macht
die umgekehrte Laufrichtung zur Vorgabe. Für die Wiederherstellung des Cursors stehen weitere Parameter zur Verfügung:
„Restored Pointer" setzt als Ursprungszustand einen der Standar-
dcursor von Director ein. Stattdessen kann auch mit „Use Custom
Pointer" ein Darsteller als Cursorbild verwendet werden, dessen
Bild durch die Option „Restored Custom Image" zusätzlich definiert werden kann, analog dazu wird durch „Restored Custom
Mask" ein Darsteller als Maskenbild bestimmt. Anfangs– und Endpunkt für die Animation werden mit den Parametern „StartAni-
mation" und „EndAnimation" festgelegt.

33   Bei Rollover ändern   Cursor

Tauscht das Mauszeiger-Icon aus, wenn der Cursor über den aktuellen Kobold rollt.

34   Rollover und Maustaste gedrückt/losgelassen   Cursor

Die Form des Mauszeigers wird verändert, sobald im aktuellen Kobold ein Rollover-Ereignis eintritt oder der Kobold angeklickt wird. Dafür eignet sich jedes Icon aus der Mauszeiger-Sammlung von Director, aber auch ein beliebiger anderer 1-Bit-Bitmapdarsteller (siehe Kapitel 13.1) läßt sich dafür verwenden. Im Dialog können folgende Parameter eingestellt werden: Mit „Rollover Pointer Image" kann einer der Mauszeiger aus der Kollektion von Director gewählt werden, während mit der Option „Use Custom Pointer" ein Darsteller aus einer Besetzung als Mauszeiger eingesetzt werden kann, wobei mit „Custom Image" das einzusetzende Bild spezifiziert wird. „Custom Mask" dient dazu, einen Darsteller zur Bildmaskierung zu verwenden. Entsprechende Varianten gibt es für MouseDown-Ereignisse: Durch „Mouse Down Pointer Image" wird ein Mauszeiger aus der Director-Sammlung speziell für ein MouseDown-Ereignis bereitgestellt. Wenn hierfür ein eigenes Icon verwendet werden soll, muß „Use Custom Pointer When Mouse Down" markiert werden. Das dazugehörige Bild wird durch „Custom Down Image" angegeben, die Option für eine Bildmaskierung heißt „Custom Down Mask".

35   Rollover Darsteller ändern

Eine einfache Möglichkeit, den zu einem Kobold gehörigen Darsteller bei einem Rollover-Ereignis auszutauschen. Im Dialog können folgende Parameter eingestellt werden: der aktuelle Darsteller wird automatisch gegen den nächsten Darsteller in der Besetzung ausgetauscht, wenn die Option „Use Next Member" markiert ist. Im Unterschied dazu kann mit „Rollover Cast Member" auch ein ganz bestimmter Darsteller für den Austausch vorgesehen werden. Diese Einstellung wird ignoriert, falls bereits die Option „Use Next Member" ausgewählt wurde.

An Kobold ausrichten   Ziehen   **36**

Ein Kobold, dem dieses Verhalten appliziert wurde, rastet am Regi-
strierungspunkt eines Zielkobolds ein, sobald er auf diesen gezogen wird. Im Dialog können folgende Parameter eingestellt werden: In „Snap Distance" wird ein Toleranzbereich (in Pixeln)
definiert, innerhalb dessen das Einrasten ausgelöst wird. Die Kanalnummer des Zielobjekts für das Einrasten läßt sich mit dem Parameter „Snap Target" angeben.

An Kobold-Liste ausrichten   Ziehen   **37**

Dieses Verhalten erweitert die Kobold-Eigenschaften um
Drag&Drop-Fähigkeit: Ein Kobold kann auf eine Liste von weiteren Kobolden gezogen werden, er rastet an der vorgesehenen Position ein und wird an einer definierten Kobold-Liste ausgerichtet.
Im Dialog können folgende Parameter eingestellt werden: Die
Kanalnummern der Listenelemente werden in "Sprite List" notiert,
als Trennzeichen fungiert das Komma. In "Snap Distance" wird ein
Toleranzbereich (in Pixeln) definiert, innerhalb dessen das Einrasten ausgelöst wird. Wenn dieser Schwellenwert auf Null gesetzt
wird, rastet ein Kobold nach dem Ziehen jeweils an der Position
des nächsten benachbarten Listenelementes ein.

A.2 Literatur

[1] „Multimedia-Entwicklung mit Macromedia Director"
Norbert Welsch
Springer-Verlag Berlin Heidelberg New York, 1997
ISBN 3--540-61861-9

[2] „Multimedia-Programmierung mit Lingo"
Norbert Welsch
Springer-Verlag Berlin Heidelberg New York, 1997
ISBN 3-540-61885-7

[3] „Multimedia Design interaktiv! –
Von der Idee zum Produkt"
Richard S.Schifmann, Yvonne Heinrich, Günther Heinrich
Springer-Verlag Berlin Heidelberg New York, 1997
ISBN 3-540-61200-9

[4] „Inside Director 6 with Lingo for Macintosh"
Lee Allis et. al.
New Riders Publishing, Indianapolis
ISBN 1-56205-567-4

[5] „Macintosh-Human-Interface-Guidelines"
Addison-Wesley Publishing Company
Apple Computer, Inc. © 1992
ISBN 0-201-62216-5

[6] „Der Macintosh im World Wide Web"
Mary Jane Mara
dt. Übersetzung und Überarbeitung von N. Welsch,
Gus Hagelberg, Cathrin Stiefel
Addison Wesley Longman Bonn, 1996
ISBN 3-8273-1071-7

A.3 Index

A

Abbrechbarkeit 42
Abspann 34, 39, 43, 52
Abspielkopf 71
Animation 16, 22, 34, 42, 58, 74
Anwenderschnittstelle 49
Anwendung 29, 30, 31
Applikationen 34
Auslieferung 171
Auswahlbildschirm 30
Automatischer Abbruch 45

B

Baum-Netzstruktur 32
Baumstruktur, klassische 31
Befehle 22
behavior 18
Besetzung 16, 92, 94, 96, 105, 109, 137, 148, 154
Besetzungsdatei 86, 98
Besetzungsfenster 62
Bewegung 40
Bildbesetzung 88, 96, 98
Bilddarsteller 71, 74, 85
Bildschirmauflösung 59
Bildwiederholrate 16
Bitmap-Darsteller 45, 118, 159
Branch 42
Bühne 16, 41, 62, 75
Button 42, 61

C

cast 16
cast member scripts 23
CBT 15, 35, 103
channel 16

Choreographie 17
Computer-Based-Training 15
Cursor-Befehl von Lingo 159
Cursor-Bibliothek 159
Cursordarsteller 160
Cursormaske 160

D

Darsteller 16, 54, 58, 71, 73, 76, 77, 78, 86, 92, 94, 109, 137, 148
Darstellereigenschaften 62
Darstellerinformation 73
Darstellernamen 86
Darstellernummer 77, 164
Darstellerskript 23, 42, 50, 60, 72, 73
Datenstrukturen 83
"default"-Verhalten 23
Design 21
Dia-Show 34, 52, 69, 71, 73, 75
Director-6-Verhaltensweisen 183
Dokument-Besetzung 86
Dokumenten- Darstellungssystem 81
Download 147
Drag & Drop 18, 23, 107
Drehbuch 16, 34, 45
Drehbuch-Methode 70
Drehbuchfenster 74
Drehbuchskript 23
Drehbuchskripte 183
Drehung 40
Druckertreiber 138
Druckfunktionen 137

E

Eigenschaften 17, 100

Einstellungen-Seite 31, 59, 61, 62
Einstellungen-Zweig 63
Elementarbefehle 20
Entwicklungsumgebung 20
Ergebnis 22

F

farbiger Cursor 161
Farbtiefe 59
Fehler 21
Felddarsteller 76, 86, 124, 138
Filmdatei 45
Filmskripte (movie scripts) 24, 54, 118
Firmenlogo 51, 86
Flag-Methode 65
Frame 42, 45, 50, 58, 71, 74, 75, 184
framerate 16
Frames 76
Frameskript 23, 42, 54, 65
Framewechsel 72
FTP 145
Funktionen 22, 25

G

Ganzzahl 107
Geologie-Beispielanwendung 41, 52, 53, 61, 163, 167
Grammatik 20
Gültigkeitsbereich 21

H

Handler 22, 23
Hauptbildschirm 60
Hauptmenü (Main) 30, 41, 42, 52, 60, 61, 63, 65

Springer
und
Umwelt

Als internationaler wissenschaftlicher
Verlag sind wir uns unserer besonderen
Verpflichtung der Umwelt gegenüber
bewußt und beziehen umweltorientierte
Grundsätze in Unternehmens-
entscheidungen mit ein. Von unseren
Geschäftspartnern (Druckereien,
Papierfabriken, Verpackungsherstellern
usw.) verlangen wir, daß sie sowohl
beim Herstellungsprozess selbst als
auch beim Einsatz der zur Verwendung
kommenden Materialien ökologische
Gesichtspunkte berücksichtigen.
Das für dieses Buch verwendete Papier
ist aus chlorfrei bzw. chlorarm
hergestelltem Zellstoff gefertigt und im
pH-Wert neutral.

Springer

Druck: Saladruck, Berlin
Verarbeitung: Buchbinderei Lüderitz & Bauer, Berlin